# Auf nach Deutschland!

別冊 Arbeitsbuch

HAKUSUISHA

## Lektion 1　Einführung

Ⅰ．Schreiben Sie die Zahlen.

1.　3　_____　　2.　16　_____

3.　24　_____　　4.　52　_____

5.　79　_____　　6.　100　_____

Ⅱ．Schreiben Sie die Begrüßung.

1.

2.

3.

4.

Ⅲ．Richtig oder Falsch?　Kreuzen Sie an.

　　下線部の発音が同じであればRichtig、違う場合はFalschを選びましょう。

| | | | |
|---|---|---|---|
| 1. | Aben<u>d</u> | <u>D</u>om | ☐ Richtig　☐ Falsch |
| 2. | B<u>äu</u>me | <u>Eu</u>ropa | ☐ Richtig　☐ Falsch |
| 3. | <u>Ei</u>s | Fl<u>ei</u>sch | ☐ Richtig　☐ Falsch |
| 4. | hal<u>b</u> | <u>B</u>remen | ☐ Richtig　☐ Falsch |
| 5. | Ta<u>g</u> | <u>g</u>ekommen | ☐ Richtig　☐ Falsch |

# Spiel    Buchstabenspiel

## Partner/-in A

Vorname: Johann Wolfgang

Nachname: von Goethe

Vorname:

Nachname:

Vorname: Angela

Nachname: Merkel

Vorname:

Nachname:

Vorname: Albert

Nachname: Einstein

Vorname:

Nachname:

Vorname: Anne

Nachname: Frank

Vorname:

Nachname:

**Buchstabenspiel**

**Partner/-in B**

Vorname:

Nachname:

Vorname: Johann Sebastian

Nachname: Bach

Vorname:

Nachname:

Vorname: Ludwig

Nachname: van Beethoven

Vorname:

Nachname:

Vorname: Martin

Nachname: Luther

Vorname:

Nachname:

Vorname: Wilhelm

Nachname: Röntgen

## Lektion 2　Kennenlernen

**I．Ordnen Sie zu. (1.2)**　正しい順番に並び替えましょう。

(a)　Hallo! Ich heiße Maria.

(b)　Guten Tag! Ich heiße Oliver. Wie heißt du?

(c)　Ja, ich wohne auch in München.

(d)　Ich komme aus Italien. Und du?

(e)　Jetzt wohne ich in München. Wohnst du auch in München?

(f)　Ich komme aus Deutschland, aus Bonn. Und wo wohnst du jetzt?

(g)　Maria, woher kommst du?

_____ ⇒ _____ ⇒ _____ ⇒ _____ ⇒ _____ ⇒ _____ ⇒ _____

**II．Welche Antwort und Frage passt? Ordnen Sie zu. (1.3)**
答えの文に合う質問文、または質問文に合う答えを選びましょう。(重複なし)

1. _____ ― Ich heiße Andrea.

2. _____ ― Ich komme aus Japan, aus Kyoto.

3. Woher kommst du? ― _____

4. _____ ― Ich wohne in Bremen.

5. _____ ― Aus Deutschland.

6. Ich heiße Martin. Und du? ― _____

7. Wo wohnst du? ― _____

> Ich komme aus Dresden, und du?　　Ich heiße Xander.　　In München.
> Ich komme aus Kiel.　　Woher kommst du?　　Wo wohnst du?
> Wie heißt du?

**III．Ergänzen Sie die Wörter. (2.2)**

1. _____ machst du? ― Ich _____ Student.

2. _____ _____ bist du? ― Ich bin 18 _____ alt.

3. Was _____ du? ― Ich studiere _____.

5

## IV. Ergänzen Sie. (2.6)

|  | heißen | wohnen | kommen | studieren | machen | sein |
|---|---|---|---|---|---|---|
| 意味 |  |  |  |  |  |  |
| ich |  |  |  |  |  |  |
| du |  |  |  |  |  |  |

## V. Schreiben Sie Fragesätze und antworten Sie wie im Beispiel. (2.8)

例を参考に質問文を書いて、それに対する答えを（　）を参考に書きましょう。

1. in / du / Potsdam / wohnen / ?  　　(Potsdam)

  　Wohnst du in Potsdam? － Ja, ich wohne in Potsdam.

2. du / heißen / Bernd / ?  　　(Michael)

3. studieren / Jura / du / ?  　　(Chemie)

4. du / kommen / China / aus / ?  　　(Korea)

5. Jahre / sein / alt / 19 / du / ?  　　(19)

## VI. Stellen Sie sich vor. (3.2) 次の人物になって自己紹介をしてみましょう。

| | |
|---|---|
| Name: Dirk | Alter: 23 |
| Herkunft: Köln | Studium: Student, Kunst |
| Wohnort: Salzburg | Sprache: Deutsch, Französisch, Englisch |

**VII. Ergänzen Sie die Personalpronomen. (3.4)** 人称代名詞を補いましょう。

1. _____ komme aus Paris.

2. Wo wohnst _____?

3. Herr Meier spricht gut Japanisch. Jetzt lernt _____ Italienisch.

4. Bist _____ Studentin?

5. _____ bin 20 Jahre alt.


**VIII. Ergänzen Sie die Verben. (3.4)** 動詞を補いましょう。

1. Was _____ er? ― Er _____ Anglistik.

2. Was _____ sie? ― Sie _____ Japanisch.

3. Er _____ Student. Er _____ Technik.

4. _____ du Studentin? ― Ja, ich _____ Psychologie.

5. Wo _____ du?

 ― Ich _____ in Kyoto. Martin _____ auch in Kyoto.

6. _____ Frau Tanaka aus Hokkaido?

 ― Ja, aber sie _____ jetzt in Tokyo.

7. Das _____ Herr Bach. Er _____ Englisch und Japanisch.


**IX. Schreiben Sie auf Deutsch. (3.6)** ドイツ語で書きましょう。

1. 私の名前は Hans Schulz です。

 _____

2. 彼はドイツ出身です。

 _____

3. 彼女はオーストリアに住んでいます。

 _____

4. 君は何歳なの？

 _____

5. こちらは Monika Schmidt さんです。

 _____

6. 君はドイツ語を習っているの？

 _____

7. 彼はどこに住んでいますか？

 _____

**Spiel** | **Zungenbrecher**   次の早口言葉を言ってみましょう。

1. In Ulm und um Ulm und um Ulm herum.

2. Fischers Fritz fischt frische Fische, frische Fische fischt Fischers Fritz.

3. Wenn Fliegen hinter Fliegen fliegen, dann fliegen Fliegen Fliegen hinterher.

4. Blaukraut bleibt Blaukraut und Brautkleid bleibt Brautkleid.

| Spiel | **Wechselspiel: Über Personen sprechen** |

**Fragen Sie Ihren Partner / Ihre Partnerin und ergänzen Sie die Informationen. Sprechen Sie mit „ich" und „du".**

**Partner / -in A**

| Name | Lena | Tina | Tom | Stefan |
|------|------|------|------|--------|
| kommen | Bonn | | Spanien/ Madrid | |
| wohnen | Bremen | | Köln | |
| Alter | 18 | | 22 | |
| lernen | Englisch | | Deutsch | |
| studieren | BWL | | Psychologie | |

**Partner / -in B**

| Name | Lena | Tina | Tom | Stefan |
|------|------|------|------|--------|
| kommen | | Belgien, Brüssel | | Österreich, Wien |
| wohnen | | Berlin | | Heidelberg |
| Alter | | 21 | | 25 |
| lernen | | Japanisch | | Klavier |
| studieren | | Anglistik | | Geschichte |

## Lektion 3　Hobbys

### Ⅰ. Was spielen Sie? (1.1)

1. 　　2. 　　3. 　　4.

_____　_____　_____　_____

### Ⅱ. Ergänzen Sie und antworten Sie. (1.5)

下線部に spielen を変化させて入れ、（　）を参考に答えを書きましょう。

1. Wie oft _____ du Fußball? (manchmal)

_____

2. _____ ihr Basketball? (nie)

_____

3. Wo _____ Sie Klavier? (zu Hause)

_____

4. Wie oft _____ er Geige? (einmal pro Woche)

_____

### Ⅲ. Was machen Sie? (2.1)

1. 　_____　　2. 　_____

3. 　_____　　4. 　_____

5. 　_____　　6. 　_____

7. 　_____　　8. 　_____

## IV. Ergänzen Sie. (2.3)

|  | machen | tanzen | gehen | reisen | fahren | sehen | lesen | treffen | sprechen |
|---|---|---|---|---|---|---|---|---|---|
| 意味 | | | | | | | | | |
| ich | | | | | | | | | |
| du | | | | | | | | | |
| er/sie | | | | | | | | | |
| wir | | | | | | | | | |
| ihr | | | | | | | | | |
| sie | | | | | | | | | |
| Sie | | | | | | | | | |

## V. Schreiben Sie Fragesätze und antworten Sie wie im Beispiel. (2.6)

質問文を書いて、それに対する答えを、例を参考に書きましょう。

1. (ihr)

   Frage: _____ Was macht ihr gern? _____

   Antwort: _____ Wir spielen gern Fußball. _____

2. (Sie)

   Frage: _____

   Antwort: _____

3. (du)

   Frage: _____

   Antwort: _____

4. (er)

   Frage: _____

   Antwort: _____

5. (sie)

   Frage: _____

   Antwort: _____

6. (ihr)

Frage: _____

Antwort: _____

7. (du)

Frage: _____

Antwort: _____

8. (er)

Frage: _____

Antwort: _____

## VI. Schreiben Sie die Wochentage. (3.2)

Mo. _____   Di. _____   Mi. _____

Do. _____   Fr. _____

Sa. _____   So. _____

## VII. Ordnen Sie zu. (3.3)

(a) Ja, am Sonntag habe ich Zeit.

(b) Oliver, ich spiele morgen mit Maya Tischtennis. Spielen wir zusammen Tischtennis?

(c) Ja, gern!

(d) Nein, tut mir leid. Morgen habe ich keine Zeit.

(e) Also, spielen wir am Sonntag Tischtennis!

(f) Oh, schade! Hast du am Sonntag Zeit?

___b___ ⇒_____ ⇒_____ ⇒_____ ⇒_____ ⇒_____

## VIII. Schreiben Sie. (3.3)

1. du / ins / wann / gehen / Kino / ?

_____

2. lernen / er / jeden / Deutsch / Tag /.

_____

3. Zeit / du / Dienstag / haben / am / ?

_____

4. am / Julia / ich / einkaufen / und / Abend /.

_____

**IX. Schreiben Sie um. (3.4)** 指示された主語に変えてみましょう。

1. Ich spiele Tennis.  (wir)

_____

2. Ich fahre gern Auto.  (sie)

_____

3. Ich gehe gern spazieren.  (er)

_____

4. Ich habe keine Zeit.  (du)

_____

5. Ich bin am Abend zu Hause.  (ihr)

_____

6. Ich bin immer müde.  (Sie)

_____


**X. Ergänzen Sie. (3.4)** Julia の予定表を参考に、下線部を埋めましょう。

1. Julia, _____ du am Montag Zeit?

   ― Tut mir leid. Da _____ ich keine Zeit. Ich _____ Alex.

2. Alex, _____ Julia dienstags keine Zeit?

   ― _____, sie _____ Zeit. Sie hat dienstags immer frei.

3. Julia, _____ du am Donnerstagnachmittag Zeit?

   ― Ja, da _____ ich Zeit. Aber am _____ lerne ich Japanisch.

### Julias Plan

|  | Vormittag | Nachmittag |
|---|---|---|
| Montag | Alex treffen | |
| Dienstag | | |
| Mittwoch | Chemie | tanzen gehen |
| Donnerstag | Japanisch lernen | |
| Freitag | Chemie | Japanisch lernen |
| Samstag | jobben | ins Kino gehen |
| Sonntag | jobben | |

## XI. Schreiben Sie auf Deutsch. (3.6)

1. 私は野球が好きです。

   _____

2. 彼は自転車に乗るのが好きです。

   _____

3. 彼女は水曜日には時間がありません。

   _____

4. 私たちは旅行するのが好きではありません。

   _____

5. 君は何をするのが好き？

   _____

6. 君たちはいつサッカーをするの？

   _____

7. あなたは映画館に行くのが好きですか？

   _____

## XII. Lesen Sie die E-Mail und antworten Sie Mia. (3.6)

次の Sophie の E-Mail を読んで Mia になりきって返事を書きましょう。ただし、<u>明日は都合が悪いので、別の日を提案</u>しましょう。

---

*Liebe Mia!*

*Hallo! Wie geht's? Morgen habe ich keinen Unterricht. Ich gehe also mit Anna ins Kino. Kommst du mit? Hast du morgen Zeit?*

*Viele Grüße,*
*Sophie*

---

_____

_____

_____

_____

_____

## Spiel

伝言ゲーム：5 人で1つのグループを作って、それぞれ趣味をひとつずつ追加して次の人に伝えていきましょう。

例

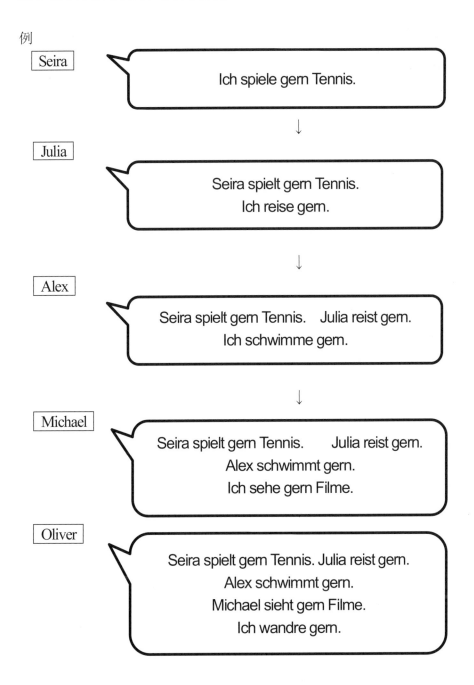

Seira
> Ich spiele gern Tennis.

↓

Julia
> Seira spielt gern Tennis.
> Ich reise gern.

↓

Alex
> Seira spielt gern Tennis.　Julia reist gern.
> Ich schwimme gern.

↓

Michael
> Seira spielt gern Tennis.　　Julia reist gern.
> Alex schwimmt gern.
> Ich sehe gern Filme.

Oliver
> Seira spielt gern Tennis. Julia reist gern.
> Alex schwimmt gern.
> Michael sieht gern Filme.
> Ich wandre gern.

| Spiel | | Spielst du gern ...? |

**Schreiben Sie 3 weitere Hobbys / Aktivitäten in die Spalte. Interviewen Sie dann Ihren Partner/Ihre Partnerin.**

|  | Ich | Partner/-in |
|---|---|---|
| Klavier spielen | | |
| Baseball spielen | | |
| Go spielen | | |
| Comics lesen | | |
| Rock Musik hören | | |
| Filme sehen | | |
| Schwimmen | | |
| Kochen | | |
| Rad fahren | | |
| | | |
| | | |
| | | |

## Ja, nein, doch ....

**Das ist** _____ .

**1. Schreiben Sie „ja", „nein", oder „doch".**

Kommt sie aus China? _____ .    Kommt sie <u>nicht</u> aus China? _____ .

Kommt sie aus Japan? _____ .    Kommt sie <u>nicht</u> aus Japan? _____ .

**2. „nein" oder „doch"? Antworten Sie bitte!**

a)  Wohnen Sie <u>nicht</u> in Kyoto? _____ .

b)  Wohnen Sie <u>nicht</u> in Osaka?    _____ .

c)  Ist Ihr Familienname <u>nicht</u> Tanaka? _____ .

d)  Sind Sie <u>nicht</u> 19 Jahre alt? _____ .

e)  Haben Sie <u>kein</u> Smart-Phone? _____ .

f)  Arbeiten Sie <u>nicht</u>? _____ .

g)  Studieren Sie <u>nicht</u>?_____ .

h)  Kommen Sie <u>nicht</u> aus Japan? _____ .

i)  Geht es Ihnen <u>nicht</u> gut? _____ .

j)  Lernen Sie <u>kein</u> Deutsch? _____ .

k)  Machen Sie <u>keine</u> Hausaufgaben? _____ .

**kein + Nomen (Smartphone, Deutsch, Hausaufgaben … )**
**=nicht**

## Lektion 4   Essen und Trinken

Ⅰ.  **Antworten Sie. (1.2)**

1.  Was ist das?

_____

2.  Ist das eine Zwiebel?

_____

3.  Wie heißt das auf Deutsch?

_____

4.  Ist das keine Möhre?

_____

5.  Sind das keine Erdbeeren?

_____

Ⅱ.  **Ergänzen Sie. (1.5)**

1. A: _____ du gern Gemüse?

   B: Ja, ich _____ gern Gemüse.

2. A: _____ essen Sie gern?

   B: Ich esse gern _____, _____ und _____.

   A: Oh, Sie essen gern _____!     ( 🍎 🍏 🍓 )

3. A: Nina, Jan, trinkt ihr gern Bier?

   B: Ja, natürlich. Aber Nina trinkt _____ _____ Bier.

   C: Stimmt. Ich trinke gern _____. ( ☕ )

4. A: Uta, was isst du gern zum Frühstück?

   B: Äh, zum Frühstück? Ich esse oft _____ mit Butter

   und trinke immer _____. ( 🥛 )   Und du?

   A: Zum Frühstück esse ich gern _____. ( 🍱 )

18

## III. Schreiben Sie um. (2.2)

Beispiel: Ich bekomme <u>ein</u> Kaffee.　→　<u>　einen　</u>

1. Ich nehme <u>ein</u> Salat und <u>ein</u> Suppe.　→　_____　_____

2. Zuerst <u>eine</u> Wein und <u>einen</u> Bier.　→　_____　_____

3. Entschuldigung, wir möchten <u>ein</u> Flasche (e.) Rotwein und <u>ein</u> Suppe (pl. -n)!

　→　_____　<u>　(1つ → 2つ)　</u>　<u>Suppen</u>

## IV. Ergänzen Sie die unbestimmten Artikel oder schreiben Sie „×". (2.2)

不定冠詞 (ein, eine, einen) を補いましょう。必要のない場合は×としましょう。

1. Das ist _____ Orange.

2. Haben Sie _____ Kräutertee?

3. Ich bekomme _____ Zwiebelsuppe.

4. Ist das _____ Mineralwasser?

5. Möchten Sie _____ Nudeln?

6. Monika nimmt _____ Weißbier.

7. Das ist _____ Käse.

8. Daniel isst gern _____ Schinken.

9. Trinkt Frank nicht gern _____ Rotwein?

## V. Ergänzen Sie die negativen Artikel. (2.5)

否定冠詞 (kein, keine, keinen) を補いましょう。

1. A: Hast du am Donnerstag Zeit?

　B: Nein, leider habe ich _____ Zeit.

2. A: Ich möchte ein Schnitzel.

　B: Oh, tut mir sehr leid, wir haben _____ Schnitzel.

3. Das ist _____ Apfel. Das ist ein Pfirsich.

4. 150 Euro?! Das ist aber zu teuer! Ich habe _____ Geld!

## VI. Ergänzen Sie. (2.7)

Tim       ♡          💔

Melanie     ♡          💔

Ken       ♡          💔

Tim isst gern _____. Aber er isst nicht gern _____.

Melanie isst gern _____ und _____ nicht gern Tee.

Ken _____ Wurst, aber _____ Bier und _____ Möhren.

## VII. Ergänzen Sie die folgenden Verben ( mögen, essen, trinken ) in der richtigen Form. (2.7)

動詞（mögen, essen, trinken）を正しい形で補いましょう。

1. _____ du Kartoffelsalat? = _____ du gern Kartoffelsalat?

2. Wir _____ jeden Morgen Kaffee mit Milch.

3. _____ ihr gern Schwarztee? = _____ ihr Schwarztee?

4. Frau Schneider _____ nicht gern Erdbeerkuchen.

    = Frau Schneider _____ keinen Erdbeerkuchen.

5. Johann und Sabine _____ gern Tomatensuppe.

    = Johann und Sabine _____ Tomatensuppe.

## VIII. Ergänzen Sie die bestimmten Artikel. (3.3)

定冠詞（der, die, das, den）を補いましょう。

1. Wir bezahlen _____ Limonade und _____ Schokoladenkuchen.

2. Wie schmeckt _____ Steak?

3. Wie viel kosten _____ Birnen?

4. Er möchte _____ Brötchen.

20

**IX. Schreiben Sie die Antworten bei Ⅲ um. (3.3)**

Beispiel: Ich bekomme einen Kaffee. → _____Ich bezahle den Kaffee._____

1. Ich _____.

2. Ich _____.

3. Ich _____.

**X. Ergänzen Sie. (3.4)**

|        | bestellen | bekommen | nehmen | essen | bezahlen | mögen |
|--------|-----------|----------|--------|-------|----------|-------|
| 意味   |           |          |        |       |          |       |
| ich    |           |          |        |       |          |       |
| du     |           |          |        |       |          |       |
| er/sie/es |        |          |        |       |          |       |
| wir    |           |          |        |       |          |       |
| ihr    |           |          |        |       |          |       |
| sie/Sie |          |          |        |       |          |       |

## Interview Lieblingsessen und Lieblingsgetränke

Fragen Sie Ihre Partner. Ergänzen Sie 3 Fragen.

| Gericht | Ich | Partner/-in 1 | Partner/-in 2 |
|---|---|---|---|
| Reis oder Nudeln | | | |
| Cola oder Fanta | | | |
| Schokolade oder Kekse | | | |
| Tee oder Kaffee | | | |
| Brot oder Reis | | | |
| Apfelsaft oder Orangensaft | | | |
| Kirschen oder Bananen | | | |
| | | | |
| | | | |

## Was isst du gern ...? Wann isst du ...?

|  | Ich<br>Was/Wann? | Partner/-in 1<br>Was/Wann? | Partner/-in 2<br>Was/Wann? |
|---|---|---|---|
| (zum)<br>Frühstück |  |  |  |
| (zum)<br>Mittagessen |  |  |  |
| (zum)<br>Abendessen |  |  |  |
| Zwischendurch |  |  |  |

# Lektion 5  Vorhaben

## I. Wie spät ist es? Ergänzen Sie die Tabelle. (1.1)

|  | informelle Uhrzeit | formelle Uhrzeit |
|---|---|---|
| 6.10Uhr | Es ist zehn nach sechs. | Es ist sechs Uhr zehn. |
| 10.30Uhr |  |  |
| 12.15Uhr |  |  |
| 17.55Uhr |  |  |
| 23.25Uhr |  |  |

## II. Antworten Sie. (1.2)

1. Wann stehen Sie auf?

_____

2. Wann essen Sie zu Mittag?

_____

3. Wann jobben Sie?

_____

4. Wann kommen Sie nach Hause?

_____

5. Wann nehmen Sie ein Bad? / Wann duschen Sie?

_____

6. Wann gehen Sie ins Bett?

_____

## III. Schreiben Sie die Sätze. (1.2)

1. Konrad / 6 Uhr / aufstehen / um / .

_____

2. aufräumen / heute / du / Zimmer / das / ?

_____

3. gehen / wann / ihr / zur Uni / ?

_____

4. von / 8 / fernsehen / ich / 10 / bis / .

_____

## IV. Konjugieren Sie die Modalverben. (1.3)

1. Ich _____ (müssen) sofort Hausaufgaben machen.

2. Was _____ (möchte[n]) ihr in den Sommerferien machen?

— Ich _____ (möchte[n]) ins Schwimmbad gehen. Und du?

— Ich _____ (können) nicht schwimmen,

ich _____ (möchte[n]) also lieber wandern!

3. Am Mittwoch habe ich leider keine Zeit. Tom und ich _____ (wollen)

nach Tokyo fahren.

4. Alex und Julia, was macht ihr morgen? _____ (wollen) wir

zusammen ins Konzert gehen?

— Tut mir leid, wir _____ (müssen) morgen zu Hause sein.

Wir _____ (müssen) aufräumen.

## V. Schreiben Sie die Sätze mit der Uhrzeit. (1.5)

ある一日の予定です。行動を選んで、時間を入れて文にしましょう。

frühstücken / Zeitung lesen / Freunde treffen / zu Abend essen / aufstehen /
in der Bibliothek lernen (+müssen/wollen) / duschen /
zur Uni gehen (+müssen) / ins Bett gehen (+möchte[n]) /
Deutsch lernen und ein Seminar haben / jobben / nach Hause gehen

5.30 Uhr _____

6.00 _____

6.30 _____

7.00 _____

8.00 _____

9.00 – 16.00 _____

16.30 – 17.30 _____

18.00 – 20.00 _____

20.30 _____

21.30 _____

22.00 _____

23.00 _____

## VI. Fügen Sie den Sätzen die Modalverben hinzu. (2.4)

Beispiel: Fotografiere ich hier? (können) → <u>Kann ich hier fotografieren?</u>

1. Rauche ich hier? (dürfen)

_____

2. Was trinkst du? (möchte[n])

_____

3. Rufst du mich morgen an? (können)

_____

4. Tobias sieht heute Abend fern. (wollen)

_____

5. Wann besuche ich dich? (sollen)

_____

6. Er wartet nicht auf sie. (müssen)

_____

## VII. Ergänzen Sie die Modalverben. (2.4)

1. Morgen habe ich eine Prüfung.   Deshalb _____ ich fleißig lernen.

2. Gisela _____ sehr gut singen.

3. Wohin _____ ihr in den Sommerferien fahren?

4. Hier _____ man nicht rauchen.

5. A: Was _____ Sie?

   B: Ich bekomme eine Suppe.

6. A: _____ ich das Fenster zumachen?

   B: Ja, bitte!

7. A: _____ ich das Fenster zumachen?

   B: Ja, klar!

**VIII. Schreiben Sie Fragesätze. (3.5)**

Beispiel: Julia möchte <u>Kuchen</u> essen. → <u>Was möchte Julia essen?</u>

1. Hendrik muss <u>im Sommer</u> nach Deutschland fliegen.

→ _____

2. <u>Nein</u>, am Dienstagnachmittag habe ich leider keine Zeit.

→ _____

3. Wir können <u>einen Monat</u> in München bleiben.

→ _____

4. Nina will von halb zwei bis sieben <u>zu Hause</u> arbeiten.

→ _____

## <u>Kannst du ...?</u>

**Sprechen Sie mit Ihrem Partner/Ihrer Partnerin. Schreiben Sie die Antworten.**

|  | Ich | Partner/-in |
|---|---|---|
| Klavier spielen |  |  |
| Schwimmen |  |  |
| Kochen |  |  |
| Auto fahren |  |  |
| Deutsch sprechen |  |  |
| Englisch sprechen |  |  |
| Tennis spielen |  |  |
| Ski fahren |  |  |

Kannst du…?

Ja, ich kann …

Nein, ich kann **nicht** …

# Ich möchte gern ...

## Sprechen Sie. Wohin möchten Sie gehen?

1)

2)

3)

(ins Onsen)

4)

(in die Stadt)          (ins Restaurant)

29

## Lektion 6　Familie

**Ⅰ.　Ergänzen Sie die Possessivartikel mein / meine / dein / deine. (1.2)**

1. _____ Schwester heißt Klaudia.

2. Ist _____ Vater Angestellter?

　— Ja, und _____ Mutter ist Hausfrau.

3. Wer ist das? — Das sind _____ Großeltern.

4. Wo wohnen _____ Onkel und _____ Tante?

　— Sie leben im Ausland, aber _____ Cousine Yuki wohnt in Japan.

**Ⅱ.　Was sind sie von Beruf? Ergänzen Sie. (1.2)**

1.

　　Er ist _____.

2.

　　Sie ist _____.

3.

　　Er ist _____.

4.

　　Er ist _____.

**Ⅲ.　Schreiben Sie um. (2.3)**

　　Beispiel: Ich finde mein Bruder fleißig.

　→　Ich finde _meinen Bruder_ fleißig.　＝　Ich finde ( ihn ) fleißig.

1. Wie findest du dein Lehrerin?

　→　Wie findest du _____ _____?

　＝　Wie findest du (　　　　　)?

2. Ich finde mein Eltern streng.

　→　Ich finde _____ _____ streng.

　＝　Ich finde (　　　　　) streng.

3. Ich will am Wochenende <u>mein Sohn</u> besuchen.

   →   Ich will am Wochenende ＿＿＿＿＿＿ ＿＿＿＿＿ besuchen.

   ＝   Ich will (          ) am Wochenende besuchen.

4. Ich finde <u>dein Hund</u> hübsch.

   →   Ich finde ＿＿＿＿＿＿ ＿＿＿＿＿ hübsch.

   ＝   Ich finde (          ) hübsch.

## IV. Ergänzen Sie die Tabelle. (3.2)

| Nominativ | ich | | er | sie | |
|---|---|---|---|---|---|
| Akkusativ | | dich | | | es |
| Nominativ | wir | | sie | | |
| Akkusativ | | euch | | Sie | |

## V. Ergänzen Sie die Personalpronomen im Akkusativ. (3.2)

1. Morgen bin ich zu Hause. Kannst du ＿＿＿＿ morgen Abend besuchen?

2. Julia und Alex sind jetzt zu Hause. Ich will ＿＿＿＿ besuchen.

3. Seid ihr jetzt zu Hause? Kann ich ＿＿＿＿ besuchen?

4. Am Wochenende bleiben wir zu Hause. Kannst du ＿＿＿＿ anrufen?

5. Michael kommt heute nicht. Nachher will ich ＿＿＿＿ anrufen.

6. Hast du heute Abend Zeit? Dann rufe ich ＿＿＿＿ an.

7. A: Wie oft siehst du deine Eltern?

   B: Ich sehe ＿＿＿＿ einmal pro Woche.

8. A: Anika, kann ich ＿＿＿＿ heute Abend anrufen?

   B: Na, klar!

9. A: Hallo, Herr Kurz, können Sie morgen ＿＿＿＿ anrufen?

   B: Ja, morgen rufe ich Sie an.

10. A: Wann besucht ihr ＿＿＿＿?

   B: Gegen 19 Uhr besuchen wir euch.

11. A: Tom, ich möchte ＿＿＿＿ gerne zu meiner Party einladen.

   B: Danke!

**VI. Ergänzen Sie die Personalpronomen im Nominativ oder Akkusativ. (3.2)**

1. Ich habe zwei Brüder.　Ich finde ＿＿＿＿＿＿ sehr interessant.

2. Meine Tante wohnt in Heidelberg. ＿＿＿＿＿＿ hat drei Töchter.

3. A: Wann ruft ＿＿＿＿＿＿ eure Eltern an?

   B: Am Sonntag rufen wir sie an.

4. A: Möchtest du Marie zur Party einladen?

   B: Ja, ich möchte ＿＿＿＿＿＿ einladen.　Und ＿＿＿＿＿＿ auch!

   A: Mich auch?!

5. A: Kannst du ＿＿＿＿＿＿ abholen?

   B: Ja, wo wartet ihr?


**VII. Ergänzen Sie und antworten Sie die Fragen. (3.3)**

1.

　　Was suchst du?

　　— Ich suche ＿＿＿＿＿＿ ＿＿＿＿＿＿.

2.

　　Wo ist ＿＿＿＿＿＿ ＿＿＿＿＿＿?

　　— Gehen Sie hier ＿＿＿＿＿＿. (↑)

3.

　　Was suchst du?

　　— Ich suche ＿＿＿＿＿＿ ＿＿＿＿＿＿.


**VIII. Ergänzen Sie. (3.3)**　次の場所はどこでしょう？　この人は誰でしょう？

1. Hier gibt es viele Bücher.　Man kann sie lesen und leihen. ＿＿＿＿＿＿

2. Hier kann man Filme sehen. ＿＿＿＿＿＿

3. Hier schickt man Briefe oder Pakete. ＿＿＿＿＿＿

4. Hier kann man essen und trinken. ＿＿＿＿＿＿

5. Mein Vater hat einen Bruder. Er ist mein ＿＿＿＿＿＿.

6. Meine Mutter hat eine Schwester. Sie ist meine ＿＿＿＿＿＿.

7. Mein Onkel hat einen Sohn. Er ist mein ＿＿＿＿＿＿.

8. Meine Schwester hat einen Sohn. Er ist mein ＿＿＿＿＿＿.

9. Mein Bruder hat eine Tochter. Sie ist meine ＿＿＿＿＿＿.

## IX. Ergänzen Sie die Possessivartikel. (3.7) 所有冠詞を補いましょう。

1. A: Wie alt ist dein Großvater?

   B: _____ Großvater ist 75 Jahre alt.

2. A: Herr Koch, wo wohnt _____ Tochter?

   B: Meine Tochter wohnt in Bern.

3. Ich habe eine Cousine. Sie und _____ Mann arbeiten in England.

4. A: Wie findet ihr _____ Sohn und _____ Tochter?

   B: Wir finden unsere Kinder sehr nett.

5. A: Ich besuche heute meinen Onkel, und dort treffe ich _____ neue Frau.

## X. Schreiben Sie um. (3.7)

Beispiel: Mein Vater kommt aus Deutschland. (er)

   → ___Sein Vater kommt aus Deutschland.___

1. Wie alt ist deine Mutter? (sie)

   → _____

2. Meine Eltern sehen gern Filme. (wir)

   → _____

3. Das ist mein Bruder. (sie [pl.])

   → _____

＊ここからは ☐ にも注意！

4. Ich besuche morgen meinen Onkel. (sie)

   → _____

5. Ich nehme meine Freundin zur Party mit. (er)

   → _____

6. Nimmst du auch deine Eltern mit? (ihr)

   → _____

## Wie ist dein Vater...?

1. Schreiben Sie Ihre Informationen.
2. Interviewen Sie Ihren Partner/Ihre Partnerin.

|  | Ich | Partner/-in |
|---|---|---|
| Vater |  |  |
| Mutter |  |  |
| Bruder |  |  |
| Schwester |  |  |
| Großvater |  |  |
| Großmutter |  |  |

## Meine Familie

1. Malen Sie Ihre Familie.
2. Sprechen Sie mit ihrem Partner/Ihrer Partnerin.

Wer ist das?

Das ist
mein / meine …

Das sind meine …

# Lektion 7　Reise und Ausflug

## Ⅰ. Ergänzen Sie. (1.1)

1. spielen　　　　gespielt　　　2. machen　　　_____

3. tanzen　　　_____　　　4. angeln　　　_____

5. sehen　　　_____　　　6. sprechen　　　_____

7. schreiben　　　_____　　　8. aufräumen　　　_____

9. fotografieren　　　_____　　　10. studieren　　　_____

11. besuchen　　　_____　　　12. erzählen　　　_____

13. haben　　　_____　　　14. empfehlen　　　_____

## Ⅱ. Antworten Sie. (1.5)

1. Was haben Sie gestern gemacht?

_____

2. Was haben Sie letzte Woche gemacht?

_____

3. Wann haben Sie heute zu Mittag gegessen?

_____

4. Wann haben Sie gejobbt?

_____

5. Wer hat gestern Ihr Abendessen gekocht?

_____

## Ⅲ. Ergänzen Sie. (2.1)

1. kommen　　　gekommen　　　2. fahren　　　_____

3. reisen　　　_____　　　4. gehen　　　_____

5. bleiben　　　_____　　　6. sein　　　_____

## Ⅳ. Ergänzen Sie. (2.3)

Ich gehe … 【 an den　　ans　　in die　　in den　　ins　　nach　　zu 】

1. _____ Wald.　　　　2. _____ Meer.

3. _____ Strand.　　　4. _____ Deutschland.

5. _____ Bibliothek.　　6. _____ Kino.

7. _____ Berge.　　　8. _____ meinem Bruder.

## V. Ergänzen Sie. (2.3)

【 aus    nach    mit    am    zu    im 】

1. Um 7 Uhr sind wir _____ Hause.    2. Möchtet ihr _____ Europa fliegen?

3. Fährst du _____ dem Zug zur Uni?    4. _____ Montag habe ich Seminar.

5. Sabine kommt _____ Bremen.    6. Katrin schwimmt oft _____ Sommer.

## VI. Schreiben Sie die Sätze ins Perfekt um. (2.4)

Beispiel: Ich spiele Tennis. (+gestern)  →  Ich habe gestern Tennis gespielt.

1. Sie trifft im Café Freunde. (+vorgestern)

_____

2. Herr Schneider sieht zwei Stunden fern. (+gestern)

_____

3. Tobias und Tina gehen ins Theater. (+letzte Woche)

_____

4. Kommst du nicht zur Uni? (+letzten Donnerstag)

_____

5. Fahrt ihr nach Europa? (+letztes Jahr)

_____

6. Sie besuchen Berlin. (+schon einmal)

_____

7. Wie lange bleibst du zu Hause? (+am Wochenende)

_____

8. Was kocht ihr? (+gestern)

_____

9. Er schreibt um 18 Uhr eine E-Mail und dann geht er ins Kino. (+gestern)

_____

10. Was besichtigst du? (+im Sommer)

_____

**VII. Schreiben Sie ins Präteritum (war / hatte) um. (3.2)**

1. Heute bin ich zu Hause.

_____

2. Wo seid ihr?

_____

3. Hast du Spaß?

_____

4. Sie hat großen Hunger.

_____

5. Wir haben keine Informationen.

_____

6. Wann ist der Laden geöffnet?

_____

7. Er hat kein Geld.

_____

8. Sie sind 25 Jahre alt.

_____

9. Wann hast du Zeit?

_____

**＊Schreiben Sie ins Perfekt um.**

10. Ich hatte Glück.

_____

11. Ich war lange mit meiner Freundin in Zürich.

_____

**VIII. Schreiben Sie die Sätze mit der Uhrzeit im Perfekt oder Präteritum. (3.6)**

行動を選び、時間や曜日を入れて現在完了形や過去形を使って文にしましょう。

Frühstück haben / Zeitung lesen / Freunde treffen / zu Abend essen / aufstehen / in der Bibliothek sein / duschen / zur Uni gehen / einschlafen / eine Vorlesung besuchen / jobben / kochen

_____

_____

_____

_____

_____

_____

_____

_____

_____

_____

_____

_____

_____

_____

## IX. Schreiben Sie im Perfekt. (3.6)

Beispiel:

(ich)

_____ Ich habe E-Mails geschrieben. _____

1.

(er)

_____

2.

(du)

_____

3.

(ihr)

_____

4.

(wir)

_____

5.

(Julia / uns)

_____

## <u>In den Ferien</u>

1. Was haben Sie in den Ferien gemacht? Malen oder schreiben Sie.

2. Sprechen Sie mit Ihrem Partner/Ihrer Partnerin.

**Hast du schon einmal ...?**

1. Schreiben Sie die Fragen.

2. Beantworten Sie die Fragen.

3. Fragen Sie die anderen Personen. Notieren Sie die Namen.

   Finden Sie mindestens eine Person pro Tätigkeit.

> bin gesprungen
>
> habe getaucht

| Verben | Frage | Ich | Name |
|---|---|---|---|
| 1 im Meer schwimmen | *Bist du schon einmal im Meer geschwommen?* | | |
| 2 die chinesische Mauer sehen | | | |
| 3 Karneval feiern | | | |
| 4 deutsches Bier trinken | | | |
| 5 nach Berlin fahren | | | |
| 6 Currywurst essen | | | |
| 7 Fallschirm springen | | | |
| 8 nach Europa fliegen | | | |
| 9 tauchen | | | |
| 10 einen Star treffen | | | |

## Lektion 8　Geburtstag und Einkaufen

**I．Wann hat Ihre Familie Geburtstag? Ergänzen Sie. (1.2)**

1. Ich habe am ＿＿＿＿＿＿＿ ＿＿＿＿＿＿ Geburtstag.

2. Mein Vater hat am ＿＿＿＿＿＿ ＿＿＿＿＿ Geburtstag.

3. Meine Mutter hat am ＿＿＿＿＿＿ ＿＿＿＿＿ Geburtstag.

4. Mein Großvater hat am ＿＿＿＿＿＿ ＿＿＿＿＿ Geburtstag.

5. ＿＿＿＿＿＿＿＿＿＿＿＿＿＿＿＿＿＿＿＿＿

**II．Ergänzen Sie die Personalpronomen im Dativ. (1.5)**

1. Maria hat bald Geburtstag. Was schenkst du ＿＿＿＿＿？

2. Meine Schwester und ihr Freund feiern im Juni ihre Hochzeit.

   Was soll ich ＿＿＿＿＿ schenken?

3. Heute habe ich viele Hausaufgaben… Kannst du ＿＿＿＿＿ helfen?

   — Tut mir leid, leider möchte ich ＿＿＿＿＿ nicht helfen.

   Ich finde, man sollte seine Hausaufgaben alleine machen.

4. Tim arbeitet jeden Tag für seine Familie. Sie sind ＿＿＿＿ sehr dankbar.

5. Ich danke ＿＿＿＿＿ für Ihre Hilfe.

6. Mein Onkel hat viele Autos. Auch dieses Auto gehört ＿＿＿＿＿.

7. Meine Freundin besucht mich nächste Woche. Kennst du ein gutes Restaurant?

   — Ja, ich empfehle ＿＿＿ „Tannenbaum". Die Suppen dort schmecken

   besonders gut. Die Fischsuppe gefällt ＿＿＿＿＿ am besten.

8. Was kaufst du deinem Vater? — Ich kaufe ＿＿＿＿＿ einen Rucksack.

9. Wie oft helfen Sie Ihrer Mutter? — Ich helfe ＿＿＿＿＿ jeden Tag.

10. Wie ist die CD? — Die CD gefällt ＿＿＿＿＿ sehr gut!

**III．Ergänzen Sie die Personalpronomen im Dativ oder Akkusativ. (1.5)**

1. Kennst du Jan? — Ja, ich kenne ＿＿＿＿＿.

2. A: Herr Neumann, gehört das Auto ＿＿＿＿＿？

   B: Nein, das ist nicht mein Auto. Es gehört Ken.

3. Klara, ich möchte ＿＿＿＿＿ die Stadt zeigen.

   — Toll! Das ist aber nett von dir!

4. Meine Freundin hat heute Geburtstag, deshalb besuche ich ＿＿＿＿ am

   Wochenende.

43

## IV. Ergänzen Sie und antworten Sie. (2.2)

Beispiel: Was schenkst du __deiner__ Tante?
— _Ich schenke ihr eine Geldbörse._

1. Was schenkst du _____ Großvater?
— _____

2. Was schenkt sie _____ Kindern?
— _____

3. Was schenkt Thomas _____ Freundin?
— _____

4. Was schenkt ihr _____ Kind?
— _____

## V. Ergänzen Sie die Artikel im Dativ. (2.3)

〔定冠詞〕

1. Sie hilft _____ Mann.
2. Schenkt er _____ Lehrerin die Bilder?
3. Die Kamera gehört _____ Mädchen.

〔不定冠詞〕

1. Er hilft _____ Frau.
2. Der Polizist zeigt _____ Mann den Weg.
3. Die Kamera gehört _____ Kind.

〔所有冠詞〕

1. Er hilft _____ Frau. （彼の）
2. Wir schenken _____ Lehrerin Blumen. （我々の）
3. Die Kamera gehört _____ Kind. （君たちの）

# VI. Ergänzen Sie die Artikel im Dativ oder Akkusativ. (2.3)

〔定冠詞〕

1. Wann hast du _____ Uhr gekauft?

2. Wir schreiben _____ Mann eine Mail.

3. Gibst du _____ Kind eine Tasche?

4. Kennt sie _____ Studentin?

〔不定冠詞〕

1. Hast du _____ neuen Regenschirm gekauft?

2. Ich schreibe _____ Ärztin eine Mail.

3. Ich habe _____ Frage.

〔所有冠詞〕

1. Julia schreibt _____ Freund einen Brief.

2. Das ist ein Geschenk für _____ Eltern.

3. Wann haben Sie _____ Onkel besucht?


# VII. Schreiben Sie. (3.3)

1. Verkäufer: Kann ich Ihnen helfen?

   Kunde: _____?

   Verkäufer: Sie kostet 43. 80 Euro.

   Kunde: O. K.. _____.

2. Verkäufer: Kann ich Ihnen helfen?

   Kunde: _____?

   Verkäufer: Sie kosten 22. 30 Euro.

   Kunde: O. K.. _____.

3. Verkäufer: _____?

   Kunde: _____.

   Verkäufer: _____.

   Kunde: _____.

4. Verkäufer: _____?

   Kunde: _____.

   Verkäufer: _____.

   Kunde: _____.

## VIII. Ordnen Sie zu. (3.5)

Ich freue mich auf deine Antwort. / Julia hat nächsten Samstag Geburtstag, und wir machen ihre Geburtstagsparty. / Da treffen wir uns und danach wollen wir Julia abholen. / Hast du da Zeit? / Wie geht's? Ich möchte dich kurz etwas fragen. / Kannst du am Samstag um 18 Uhr vor den Bahnhof kommen?

*Liebe Seira,*

_____

_____

_____

*Die Party findet in einem Lokal statt.*

_____

_____

_____

*liebe Grüße*
*Michael*

**Partner/-in A**

Johann Wolfgang von Goethe
Geburtstag: 28.8. 1749

Johann Sebastian Bach
Geburtstag:

Angela Merkel
Geburtstag: 17.7. 1954

Ludwig van Beethoven
Geburtstag:

Albert Einstein
Geburtstag: 14.3. 1879

Martin Luther
Geburtstag:

Anne Frank
Geburtstag: 12.6. 1929

Wilhelm Röntgen
Geburtstag:

# Wann sind sie geboren?

**Partner/-in B**

Johann Wolfgang von Goethe
Geburtstag:

Johann Sebastian Bach
Geburtstag: 31.3. 1685

Angela Merkel
Geburtstag:

Ludwig van Beethoven
Geburtstag: 17.12. 1770

Albert Einstein
Geburtstag:

Martin Luther
Geburtstag: 10.11.1483

Anne Frank
Geburtstag:

Wilhelm Röntgen
Geburtstag: 27.3.1845

## Lektion 9 Heimkehr

### I. Ergänzen Sie. (1.1)

1. Wo ist das Buch?

   — Das Buch ist _____.

2. Wo liegt das Buch?

   — Das Buch liegt _____.

3. Wohin stellst du das Buch?

   — Ich stelle es _____.

4. Wohin hängst du das Bild?

   — Ich hänge es _____.

### II. Ergänzen Sie die bestimmten Artikel. (1.2)

1. Die Katze liegt auf _____ Tisch.

2. Ich hänge ein Bild an _____ Wand.

3. Der Hund sitzt neben _____ Stuhl.

4. Legst du den Teppich unter _____ Sofa?

5. Der Garten ist hinter _____ Haus.

6. Die Blumen sind vor _____ Fenster.

7. Die Lampe hängt über _____ Bett.

8. Soll ich Pflanzen zwischen _____ Regal und _____ Schrank stellen?

## III.  Schreiben Sie. (1.4)

Beispiel:

*r*. Kugelschreiber ＝ *r*. Tisch （上） <u>Der Kugelschreiber liegt auf dem Tisch.</u>

*r*. Kugelschreiber → *r*. Tisch （上） <u>Ich lege den Kugelschreiber auf den Tisch.</u>

1.   *r*. Abfalleimer ＝ *s*. Bett （隣）

_____

2.   *r*. Vorhang → *s*. Fenster （際）

_____

3.   *s*. Bücherregal ＝ *r*. Stuhl （後ろ）

_____

4.   *e*. Lampe → *r*. Schrank / *e*. Tür （間）

_____

5.   *r*. Teppich → *r*. Boden

_____


## IV.  Was tragen sie gern? Schreiben Sie. (2.1)

誰が何を好んで着るのか、自由に考えてみましょう。

Beispiel:   Julia

<u>Julia trägt gern ein Kleid. Im Winter trägt sie oft eine Mütze.</u>

1. Alex

_____

2. Seira

_____

3. Michael

_____

4. Sie

_____

## V. Schreiben Sie die Sätze im Imperativ. (2.3)

Beispiel: Kannst du das Zimmer aufräumen?

      (du)     Räume bitte das Zimmer auf!

      (ihr)     Räumt bitte das Zimmer auf!

      (Sie)     Räumen Sie bitte das Zimmer auf!

1. Kannst du mir deine E-Mail-Adresse geben?

(du) _____

(ihr) _____

(Sie) _____

2. Kannst du den Drucker reparieren?

(du) _____

(ihr) _____

(Sie) _____

3. Kannst du sofort die Wäsche waschen?

(du) _____

(ihr) _____

(Sie) _____

4. Kannst du die Treppe vor dem Eingang putzen?

(du) _____

(ihr) _____

(Sie) _____

## VI. Schreiben Sie auf Deutsch. (3.5)

1. 私は日曜日にデパートでひとつのワンピースとひとつのズボンを買いました。

_____

2. 時計が机の下にあるよ！トーマス、それを壁に掛けて！

_____

3. 彼はその本を本棚の中に置き、ひとつのボールペンと 2 冊のノートを机の
上に置きます。

_____

4. 彼女は 9 時に家に帰宅し、10 時から 11 時までベッドで本を読みます。

_____

**Spiel**    <u>**Mein Zimmer**</u>

1. Malen Sie Ihr Zimmer. Was ist in Ihrem Zimmer?
2. Sprechen Sie mit Ihrem Partner/Ihrer Partnerin. Er/Sie malt Ihr Zimmer.
3. Hören Sie die Beschreibung von Ihrem Partner/Ihrer Partnerin. Malen Sie sein/ihr Zimmer.

**Mein Zimmer**

**Zimmer von meinem Partner/meiner Partnerin**

## Grammtikübung　文法補足の問題

### Ⅰ. Ergänzen Sie *all-, jed-, dies-* oder *welch-* in der richtigen Form.

1. (　　　) Auto gefällt dir?－(　　　) Auto gefällt mir. [welch-, dies-]

2. Mit (　　　) Bus kommst du?－ Mit (　　　) Bus komme ich. [welch-, dies-]

3. (　　　) CD hast du gekauft? [welch-]

4. Ich jogge (　　　) Tag. [ jed- ]

5. (　　　) Studenten müssen fleißig studieren. [ all- ]


### Ⅱ. Ergänzen Sie die Adjektivendung.

1. Ich trage gern blau(　　) Jacke.

2. Haben Sie die schwarz(　　) Tasche gekauft?

3. Sie wohnt in einem hell(　　) Zimmer.

4. Mit dem schön(　　) Zug fahren wir nach Bonn.

5. Er ist ein nett(　　) Mann.

6. Mein alt(　　) Fahrrad ist kaputt.

7. Wir haben leider keinen kalt(　　) Tee.


### Ⅲ. Ergänzen Sie die bestimmten Artikel.

1. Er kommt aus (　　　) Norden.

2. Fährst du mit (　　　) Bus oder (　　　) U-Bahn?

3. Nach (　　　) Unterricht treffe ich meinen Freund.

4. Wir müssen für (　　　) Prüfung lernen.

5. Die Studenten sitzen um (　　　) Tisch.


### Ⅳ. Ergänzen Sie die Präpositionen. Jede Präposition kann man nur einmal benutzen.

【 vor　seit　bei　durch　zu　ohne　mit 】

1. (　　　) dem Unterricht gehe ich ins Schwimmbad.

2. Heute will Sabine (　　　) ihrer Tante übernachten.

3. Kannst du morgen (　　　) mir kommen?

4. Tobias wohnt (　　　) drei Jahren in Köln.

5. Bis zum Bahnhof braucht man 10 Minuten (　　　) dem Taxi.

6. Herr und Frau Steiner gehen jeden Morgen (　　　) den Wald zur Stadt.

7. (　　　) dich kann ich das nicht tun.

53

**V. Schreiben Sie die Sätze mit *weil, wenn* oder *obwohl*.**

Beispiel)   Die Sonne scheint. / Wir möchten ins Schwimmbad gehen.

Wenn die Sonne scheint, möchten wir ins Schwimmbad gehen.

Wir möchten ins Schwimmbad gehen, wenn die Sonne scheint.

1.   Ich komme in Berlin an. / Ich rufe dich an.

_____

_____

2.   Mein Bruder muss zu Hause bleiben. / Er hat Fieber.

_____

_____

3.   Herr Dichter ist sehr müde. / Er hilft seiner Frau.

_____

_____

**VI. Schreiben Sie die Sätze richtig.**

1.   dass / er /, / kommen / morgen / sagen / .

Frau Baumann _____

2.   es / wenn / ich / keinen / regnen /, / machen / Ausflug / am Sonntag / .

_____

3.   jobben / Seira / möchte /, / viel / ein / kaufen / iPad / weil / sie / .

_____

4.   obwohl / ich / Bauchschmerzen / ich / haben /, / Bier / trinken / .

_____

（ 2023 年 2 月発行 ）

54

# Auf nach Deutschland!

## Ver.2.0

Wortliste

HAKUSUISHA

◎人称代名詞、前置詞・冠詞の融合
形、一部の地名を除く。（出現順）
◎音声や解答のみに出現している
単語には、「*」を付けています。

## Lektion 1

| | | | |
|---|---|---|---|
| *e* Einführung (-en) | _____ | fünfzehn | _____ |
| *s* Alphabet (-e) | _____ | sechzehn | _____ |
| sprechen | _____ | siebzehn | _____ |
| buchstabieren | _____ | achtzehn | _____ |
| Ihr | _____ | neunzehn | _____ |
| oder | _____ | zwanzig | _____ |
| *r* Nachname (-n) | _____ | einundzwanzig | _____ |
| *r* Vorname (-n) | _____ | zweiundzwanzig | _____ |
| hören | _____ | dreiundzwanzig | _____ |
| und | _____ | vierundzwanzig | _____ |
| schreiben | _____ | fünfundzwanzig | _____ |
| *e* Zahl (-en) | _____ | sechsundzwanzig | _____ |
| null | _____ | siebenundzwanzig | _____ |
| eins | _____ | achtundzwanzig | _____ |
| zwei | _____ | neunundzwanzig | _____ |
| drei | _____ | dreißig | _____ |
| vier | _____ | vierzig | _____ |
| fünf | _____ | fünfzig | _____ |
| sechs | _____ | sechzig | _____ |
| sieben | _____ | siebzig | _____ |
| acht | _____ | achtzig | _____ |
| neun | _____ | neunzig | _____ |
| zehn | _____ | hundert | _____ |
| elf | _____ | sagen | _____ |
| zwölf | _____ | *e* Telefonnummer (-n) | _____ |
| dreizehn | _____ | *e* Begrüßung (-en) | _____ |
| vierzehn | | Guten Morgen! | _____ |
| | | Guten Tag! | _____ |
| | | Hallo! | _____ |
| | | Guten Abend! | _____ |
| | | Gute Nacht! | _____ |
| | | Tschüs! | _____ |
| | | Auf Wiedersehen! | _____ |
| | | Bis bald! | _____ |

Auf Wiederhören! _____

*s* Telefon (-e) _____

*e* Person (-en) _____

*r* Name (-n) _____

*e* Herkunft (Herkünfte) _____

*r* Wohnort (-e) _____

*s* Alter (-) _____

*s* Japan _____

*s* Deutschland _____

München _____

*e* Schweiz _____

Zürich _____

*s* Österreich _____

Wien _____

kommen _____

aus _____

auch _____

heißen _____

wohnen _____

in _____

sein (動詞) _____

*s* Jahr (-e) _____

alt _____

**Start Deutsch A1【Sprechen Teil 1】**

*e* Handynummer (-n) _____

*e* Postleitzahl (-en) _____

bitte _____

mein _____

wie _____

## Lektion 2

kennen|lernen _____

r Dialog (-e) _____

woher _____

wo _____

fragen _____

antworten _____

s Frankreich _____

s Spanien _____

s England _____

s China _____

s Korea _____

Düsseldorf _____

Hamburg _____

Köln _____

Leipzig _____

Partner/-in _____

s Fragewort (-wörter) _____

s Verb (-en) _____

ergänzen _____

auf _____

r Campus (-) _____

was _____

machen _____

hier _____

Student/-in (Studenten) _____

ja _____

studieren _____

e Japanologie _____

e Germanistik _____

nein _____

e Chemie _____

Lehrer/-in _____

Professor/-in _____

Arzt/Ärztin _____

Verkäufer/-in _____

Angestellter/Angestellte

_____

Schüler/-in _____

e Technik (-en) _____

e Psychologie _____

pl. Jura _____

e Mathematik _____

BWL _____

e Informatik _____

pl. Wirtschaftswissenschaften

_____

pl. Handelswissenschaften

_____

pl. Sportwissenschaften

_____

e Kulturgeschichte (-n)

_____

e Medizin (-en) _____

e Soziologie _____

e Theologie _____

e Politik (-en) _____

r Beruf (-e) _____

s Studienfach (Studienfächer)

_____

e Anglistik _____

Wie geht's? _____

danke _____

gut _____

das ist… _____

Freut mich! _____

lernen _____

4

| | |
|---|---|
| *s* Deutsch | _____ |
| nicht | _____ |
| also | _____ |
| gleich | _____ |
| ach | _____ |
| so | _____ |
| Freund/-in (Freunde) | _____ |
| von | _____ |
| aber | _____ |
| nebenbei | _____ |
| *s* Japanisch | _____ |
| wirklich | _____ |
| toll | _____ |
| lesen | _____ |
| sehr | _____ |
| es geht | _____ |
| jetzt | _____ |
| *s* Englisch | _____ |
| *s* Chinesisch | _____ |
| *s* Spanisch | _____ |
| *s* Französisch | _____ |
| *s* Koreanisch | _____ |
| *s* Russisch | _____ |
| *s* Beispiel (-e) | _____ |
| *s* Russland | _____ |
| Berlin | _____ |
| *pl.* Informationswissenschaften | |
| | _____ |
| Weimar | _____ |
| an\|kreuzen | _____ |
| richtig | _____ |
| falsch | _____ |
| heute | _____ |
| *s* Italienisch | _____ |

| | |
|---|---|
| * gerade | _____ |
| Mannheim | _____ |
| Bremen | _____ |

**Start Deutsch A1【Sprechen Teil 1】**

| | |
|---|---|
| sich vor\|stellen | _____ |
| möchte(n) | _____ |
| wer | _____ |
| *s* Land (Länder) | _____ |
| *e* Sprache (-n) | _____ |

## Lektion 3

| | |
|---|---|
| s Hobby (-s) | _____ |
| s Tennis | _____ |
| da | _____ |
| spielen | _____ |
| r Herr (-en) | _____ |
| e Frau (-en) | _____ |
| oft | _____ |
| jed- | _____ |
| r Tag (-e) | _____ |
| echt | _____ |
| beide | _____ |
| r Fußball | _____ |
| r Baseball | _____ |
| s Tischtennis | _____ |
| r Basketball | _____ |
| r Volleyball | _____ |
| s Klavier (-e) | _____ |
| e Geige (-n) | _____ |
| e Gitarre (-n) | _____ |
| s Computerspiel (-e) | _____ |
| e Karte (-n) | _____ |
| s Golf | _____ |
| r Handball | _____ |
| s Cello (-s) | _____ |
| e Orgel (-n) | _____ |
| s Schach (-s) | _____ |
| zu|ordnen | _____ |
| immer | _____ |
| selten | _____ |
| meistens | _____ |
| manchmal | _____ |
| nie | _____ |

| | |
|---|---|
| wie oft | _____ |
| zweimal | _____ |
| einmal | _____ |
| pro | _____ |
| e Woche (-e) | _____ |
| r Monat (-e) | _____ |
| gern | _____ |
| fahren | _____ |
| s Rad (Räder) | _____ |
| sehen | _____ |
| s Fußballspiel (-e) | _____ |
| e Rockmusik | _____ |
| wandern | _____ |
| schwimmen | _____ |
| besonders | _____ |
| sportlich | _____ |
| r Sport (-e) | _____ |
| tanzen | _____ |
| haben | _____ |
| noch | _____ |
| ander | _____ |
| lesen | _____ |
| gehen | _____ |
| mit | _____ |
| s Kino (-s) | _____ |
| r Kriminalfilm (-e) | _____ |
| zu Hause | _____ |
| fern|sehen | _____ |
| r Ski (-) | _____ |
| s Fahrrad (Fahrräder) | _____ |
| s Auto (-s) | _____ |
| e Musik (-en) | _____ |
| singen | _____ |
| joggen | _____ |

| | | | |
|---|---|---|---|
| chatten | _____ | r Nachmittag (-e) | _____ |
| ein\|kaufen | _____ | klingen | _____ |
| spazieren gehen | _____ | wann | _____ |
| r Film (-e) | _____ | morgens | _____ |
| e DVD (-s) | _____ | r Morgen (-) | _____ |
| treffen | _____ | vormittags | _____ |
| s Museum (Museen) | _____ | mittags | _____ |
| s Internet | _____ | r Mittag (-e) | _____ |
| surfen | _____ | nachmittags | _____ |
| angeln | _____ | abends | _____ |
| reisen | _____ | r Abend (-e) | _____ |
| kochen | _____ | nachts | _____ |
| e Fremdsprache (-n) | _____ | e Nacht (Nächte) | _____ |
| fotografieren | _____ | r Montag (-e) | _____ |
| an\|rufen | _____ | r Dienstag (-e) | _____ |
| auf\|räumen | _____ | r Mittwoch (-e) | _____ |
| doch | _____ | r Donnerstag (-e) | _____ |
| s Buch (Bücher) | _____ | r Freitag (-e) | _____ |
| s Wochenende (-n) | _____ | morgen | _____ |
| r Samstag (-e) | _____ | müde | _____ |
| zusammen | _____ | klassisch | _____ |
| tut mir leid | _____ | r Winter (-) | _____ |
| kein | _____ | s Snowboard (-s) | _____ |
| e Zeit (-en) | _____ | s Italien | _____ |
| s Konzert (-e) | _____ | s Ausland | _____ |
| schade | _____ | * r Krimi (-s) | _____ |
| vielleicht | _____ | * r Roman (-e) | _____ |
| r Sonntag (-e) | _____ | | |
| sogar | _____ | | |
| natürlich | _____ | | |
| na | _____ | | |
| danach | _____ | | |
| r Spaß (Späße) | _____ | | |
| r Vormittag (-e) | _____ | | |

7

**Start Deutsch 1【Lesen Teil 2】**

welch-　　　　　＿＿＿＿＿＿

*r* Text (-e)　　　＿＿＿＿＿＿

*e* Aufgabe (-n)　　＿＿＿＿＿＿

finden　　　　＿＿＿＿＿＿

*e* Information (-en)　＿＿＿＿＿＿

*e* Antwort (-en)　　＿＿＿＿＿＿

*e* Straße (-n)　　　＿＿＿＿＿＿

*e* Sprachschule (-n)　＿＿＿＿＿＿

*r* Kurs (-e)　　　＿＿＿＿＿＿

*e* Anfahrt (-en)　　＿＿＿＿＿＿

*r* Preis (-e)　　　＿＿＿＿＿＿

*r* Sprachkurs (-e)　　＿＿＿＿＿＿

für　　　　　＿＿＿＿＿＿

unser　　　　＿＿＿＿＿＿

e Buchung (-en)　　＿＿＿＿＿＿

bieten　　　　＿＿＿＿＿＿

*s* Kind (-er)　　　＿＿＿＿＿＿

*r* Kontakt (-e)　　　＿＿＿＿＿＿

unter　　　　＿＿＿＿＿＿

*r* Verein (-e)　　　＿＿＿＿＿＿

*e* Lust (Lüste)　　＿＿＿＿＿＿

dann　　　　＿＿＿＿＿＿

bei　　　　　＿＿＿＿＿＿

bis　　　　　＿＿＿＿＿＿

*e* Turnhalle (-n)　　＿＿＿＿＿＿

*r* Anfänger (-)　　＿＿＿＿＿＿

willkommen　　　＿＿＿＿＿＿

*s* Interesse (-n)　　＿＿＿＿＿＿

sich melden　　　＿＿＿＿＿＿

suchen　　　　＿＿＿＿＿＿

neu　　　　　＿＿＿＿＿＿

über　　　　　＿＿＿＿＿＿

dies-　　　　　＿＿＿＿＿＿

zu　　　　　＿＿＿＿＿＿

*r* Tee (-s)　　　＿＿＿＿＿＿

*r* Kaffee (-s)　　　＿＿＿＿＿＿

groß　　　　　＿＿＿＿＿＿

*e* Leinwand (-wände)＿＿＿＿＿＿

besuchen　　　＿＿＿＿＿＿

*e* Homepage (-s)　　＿＿＿＿＿＿

# Lektion 4

essen _____

trinken _____

r Supermarkt (-märkte) _____

_____

können _____

r Apfel (Äpfel) _____

e Orange (-n) _____

e Erdbeere (-n) _____

s Obst _____

s Gemüse (-) _____

e Zwiebel (-n) _____

denn _____

s Ei (-er) _____

japanisch _____

e Süßigkeit (-en) _____

e Banane (-n) _____

r Pfirsich (-e) _____

e Birne (-n) _____

e Kartoffel (-n) _____

e Möhre (-n) _____

e Gurke (-n) _____

r Salat (-e) _____

e Tomate (-n) _____

r Fisch (-e) _____

s Fleisch _____

r Käse (-) _____

e Wurst (Würste) _____

s Brot (-e) _____

s Brötchen (-) _____

r Reis (-e) _____

pl. Nudeln _____

r Kuchen (-) _____

s Bier (-e) _____

e Milch (-e[n]) _____

r Saft (Säfte) _____

e Wein (-e) _____

s Wasser (Wässer) _____

s Restaurant (-s) _____

nehmen _____

bestellen _____

r Schweinebraten (-) _____

e Gemüsesuppe (-n) _____

r Lachs (-e) _____

mögen _____

bekommen _____

e Pizza (-s) _____

ähnlich _____

s Mineralwasser (-wässer)

_____

r Auflauf (-läufe) _____

s Steak (-s) _____

s Hähnchen (-) _____

e Suppe (-n) _____

zuerst _____

r Rotwein (-e) _____

e Limonade (-n) _____

s Schinkenbrot (-e) _____

s Schnitzel (-) _____

e Speisekarte (-n) _____

e Vorspeise (-n) _____

e Fischsuppe (-n) _____

grün _____

s Gericht (-e) _____

s Rindersteak (-s) _____

e Bratwurst (-würste) _____

pl. Käsespätzle _____

9

| | | | |
|---|---|---|---|
| *s* Dessert (-s) | _____ | **Start Deutsch A1 【Sprechen Teil 2】** | |
| *s* Eis | _____ | stellen | _____ |
| *r* Pfannkuchen (-) | _____ | *e* Frage (-n) | _____ |
| *e* Getränkekarte (-n) | _____ | stehen | _____ |
| *s* Cola (-s) | _____ | *s* Wort (Wörter) | _____ |
| *r* Weißwein (-e) | _____ | *r* Fragesatz (-sätze) | _____ |
| *e* Apfelschorle (-n) | _____ | *s* Thema (Themen) | _____ |
| Kellner/-in | _____ | *s* Lieblingsessen (-) | _____ |
| *e* Schokolade (-n) | _____ | *s* Frühstück (-e) | _____ |
| fertig | _____ | *s* Abendessen (-) | _____ |
| *r* Moment (-e) | _____ | | |
| schmecken | _____ | | |
| fantastisch | _____ | | |
| *e* Zeitverschwendung | | | |
| | _____ | | |
| nichts | _____ | | |
| satt | _____ | | |
| bezahlen | _____ | | |
| alle | _____ | | |
| euer | _____ | | |
| *r* Betrag (Beträge) | _____ | | |
| man | _____ | | |
| etwas | _____ | | |
| *e* Prüfung (-en) | _____ | | |
| nur | _____ | | |
| Bis dann! | _____ | | |
| wunderbar | _____ | | |
| lecker | _____ | | |
| *pl.* Leute | _____ | | |
| *r* Mann (Männer) | _____ | | |
| * unglaublich | _____ | | |
| * *r* Vegetarier (-) | _____ | | |
| * genau | _____ | | |

## Lektion 5

| | | | |
|---|---|---|---|
| *s* Vorhaben (-) | _____ | nochmal | _____ |
| *r* Heimweg (-e) | _____ | erklären | _____ |
| wollen | _____ | *s* Handy (-s) | _____ |
| *e* Idee (-n) | _____ | klingeln | _____ |
| müssen | _____ | kurz | _____ |
| *e* Bibliothek (-en) | _____ | mit\|kommen | _____ |
| passen | _____ | sollen | _____ |
| um | _____ | besser | _____ |
| halb | _____ | draußen | _____ |
| *s* Café (-s) | _____ | dürfen | _____ |
| dort | _____ | telefonieren | _____ |
| gemütlich | _____ | aus\|leihen | _____ |
| informell | _____ | helfen | _____ |
| *e* Uhrzeit (-en) | _____ | übernachten | _____ |
| vor | _____ | *s* Glas (Gläser) | _____ |
| nach | _____ | benutzen | _____ |
| *s* Viertel (-) | _____ | bitten | _____ |
| formell | _____ | reagieren | _____ |
| *e* Uhr (-en) | _____ | *r* Einkauf (Einkäufe) | _____ |
| spät | _____ | schneiden | _____ |
| an\|fangen | _____ | kaufen | _____ |
| *r* Unterricht (-e) | _____ | leihen | _____ |
| auf\|stehen | _____ | *s* Taxi (-s) | _____ |
| *e* Vorlesung (-en) | _____ | langsam | _____ |
| *e* Zeitung (-en) | _____ | *s* Fenster (-) | _____ |
| um\|schreiben | _____ | zu\|machen | _____ |
| *r* Sommer (-) | _____ | auf\|machen | _____ |
| *e* Uni (-s) | _____ | laut | _____ |
| frühstücken | _____ | rauchen | _____ |
| *s* Bett (-en) | _____ | *r* Hund (-e) | _____ |
| alles | _____ | mit\|bringen | _____ |
| klar | _____ | parken | _____ |
| | | *e* Hausaufgabe (-n) | _____ |
| | | *s* Zimmer (-) | _____ |

11

| | |
|---|---|
| putzen | _____ |
| s Wintersemester (-) | _____ |
| wie lange | _____ |
| wissen | _____ |
| bleiben | _____ |
| deswegen | _____ |
| viel | _____ |
| tun | _____ |
| s Anmeldeformular (-e) | _____ |
| aus\|füllen | _____ |
| mal | _____ |
| zeigen | _____ |
| dabei | _____ |
| r Familienname (-n) | _____ |
| s Geburtsdatum (-daten) | _____ |
| r Geburtsort (-e) | _____ |
| e Staatsangehörigkeit (-en) | |
| | _____ |
| dein | _____ |
| r Fall (Fälle) | _____ |
| verstehen | _____ |
| e Wohnung (-en) | _____ |
| r Typ (-en) | _____ |
| s Studentenwohnheim (-e) | |
| | _____ |
| e Gastfamilie (-n) | _____ |
| deutsch | _____ |
| schön | _____ |
| übrigens | _____ |
| r Oktober (-) | _____ |
| zurück\|fliegen | _____ |
| unbedingt | _____ |
| wieder | _____ |
| s Formular (-e) | _____ |

| | |
|---|---|
| geboren | _____ |
| s Semester (-) | _____ |
| seit | _____ |
| an | _____ |
| s Einzelzimmer (-) | _____ |
| e WG | _____ |
| r Aufenthalt (-e) | _____ |
| s Stadion (Stadien) | _____ |
| wohin | _____ |
| * wieso | _____ |
| * eis\|laufen | _____ |
| * s Referat (-e) | _____ |
| * r Urlaub (-e) | _____ |

**Start Deutsch A1 【Schreiben Teil 1】**

| | |
|---|---|
| sich an\|melden | _____ |
| brauchen | _____ |
| e Hilfe (-n) | _____ |
| r Juli (-s) | _____ |
| Japaner/-in | _____ |
| verheiratet | _____ |
| e Adresse (-n) | _____ |
| s Telefon (-e) | _____ |
| schon | _____ |
| e Universität (-en) | _____ |
| s Geschlecht (-er) | _____ |
| männlich | _____ |
| weiblich | _____ |
| r Familienstand | _____ |
| ledig | _____ |
| geschieden | _____ |
| mehr | _____ |
| eigen | _____ |
| e Unterschrift (-en) | _____ |

# Wiederholung

*e* Wiederholung (-en) _____

*r* Flughafen (-häfen) _____

herzlich      _____

selbst      _____

*e* Vorstellung (-en) _____

*r* Garten (Gärten) _____

arbeiten      _____

duzen      _____

mit|nehmen      _____

# Lektion 6

*e* Familie (-n)      _____

gucken      _____

*pl.* Eltern      _____

sympathisch      _____

aus|sehen      _____

hinten      _____

rechts      _____

*e* Schwester (-n)      _____

*r* Junge (-n)      _____

vorne      _____

links      _____

*r* Bruder (Brüder)      _____

als      _____

Zahnarzt/Zahnärztin _____

*e* Tochter (Töchter) _____

erst      _____

jung      _____

*s* Kaninchen (-)      _____

süß      _____

*e* Mitte (-n)      _____

*r* Vater (Väter)      _____

*e* Mutter (Mütter)      _____

*s* Geschwister (-)      _____

*r* Großvater (-väter) _____

*r* Opa (-s)      _____

*e* Großmutter (-mütter)

     _____

*e* Oma (-s)      _____

*pl.* Großeltern      _____

*r* Sohn (Söhne)      _____

*r* Onkel (-)      _____

*e* Tante (-n)      _____

| | | | |
|---|---|---|---|
| r Cousin (-s) | _____ | e Kollegin (-nen) | _____ |
| e Cousine (-n) | _____ | vor\|haben | _____ |
| r Hausmann (-männer) | | s Oktoberfest (-e) | _____ |
| | _____ | an\|kommen | _____ |
| e Hausfrau (-frauen) | _____ | ab\|holen | _____ |
| Polizist/-in | _____ | e Pinakothek (-en) | _____ |
| Ingenieur/-in | _____ | lieben | _____ |
| Fotograf/-in | _____ | e Kunst (Künste) | _____ |
| Bäcker/-in | _____ | deshalb | _____ |
| Fußballspieler/-in | _____ | e Moderne | _____ |
| s Einzelkind (-er) | _____ | empfehlenswert | _____ |
| e Katze (-n) | _____ | empfehlen | _____ |
| teil\|nehmen | _____ | e Besichtigung (-en) | _____ |
| s Seminar (-e) | _____ | e Kirche (-n) | _____ |
| streng | _____ | e Post (-en) | _____ |
| e Angst (Ängste) | _____ | e Bank (-en) | _____ |
| nett | _____ | s Kaufhaus (-häuser) | _____ |
| kennen | _____ | r Kiosk (-e) | _____ |
| ihr（所有冠詞） | _____ | s Rathaus (-häuser) | _____ |
| r Kollege (-n) | _____ | r Bahnhof (-höfe) | _____ |
| intelligent | _____ | geradeaus | _____ |
| freundlich | _____ | Mainz | _____ |
| uninteressant | _____ | sein（所有冠詞） | _____ |
| unsympathisch | _____ | e Türkei | _____ |
| hübsch | _____ | | |
| unfreundlich | _____ | | |
| interessant | _____ | | |
| langweilig | _____ | | |
| fleißig | _____ | | |
| faul | _____ | | |
| attraktiv | _____ | | |
| lustig | _____ | | |
| komisch | _____ | | |
| hässlich | _____ | | |

## Lektion 7

e Reise (-n) ＿＿＿＿＿

r Ausflug (-flüge) ＿＿＿＿＿

sich freuen ＿＿＿＿＿

dass ＿＿＿＿＿

wieder|sehen ＿＿＿＿＿

gefallen ＿＿＿＿＿

vorgestern ＿＿＿＿＿

besichtigen ＿＿＿＿＿

vergessen ＿＿＿＿＿

verlieren ＿＿＿＿＿

gestern ＿＿＿＿＿

s Perfekt (-e) ＿＿＿＿＿

letzt ＿＿＿＿＿

pl. Sommerferien ＿＿＿＿＿

r Markt (Märkte) ＿＿＿＿＿

s Meer (-e) ＿＿＿＿＿

r See (-n) ＿＿＿＿＿

r Strand (Strände) ＿＿＿＿＿

r Wald (Wälder) ＿＿＿＿＿

r Berg (-e) ＿＿＿＿＿

s Europa ＿＿＿＿＿

e Butter ＿＿＿＿＿

e Tasse (-n) ＿＿＿＿＿

r Zucker (-) ＿＿＿＿＿

e Zitrone (-n) ＿＿＿＿＿

e Mensa (-s) ＿＿＿＿＿

e Kirschtorte (-n) ＿＿＿＿＿

e Sahne ＿＿＿＿＿

e Stadt (Städte) ＿＿＿＿＿

s Fest (-e) ＿＿＿＿＿

dorthin ＿＿＿＿＿

sich interessieren ＿＿＿＿＿

e Burg (-en) ＿＿＿＿＿

* e Klasse (-n) ＿＿＿＿＿

e Hose (-n) ＿＿＿＿＿

teuer ＿＿＿＿＿

r Geburtstag (-e) ＿＿＿＿＿

e Party (-s) ＿＿＿＿＿

r Park (-s) ＿＿＿＿＿

ganz ＿＿＿＿＿

lang ＿＿＿＿＿

r Priester (-) ＿＿＿＿＿

pl. Ferien ＿＿＿＿＿

## Start Deutsch A1 【Lesen Teil 1】

e Erfahrung (-en) ＿＿＿＿＿

e E-Mail (-s) ＿＿＿＿＿

froh ＿＿＿＿＿

endlich ＿＿＿＿＿

r Gruß (Grüße) ＿＿＿＿＿

nächst ＿＿＿＿＿

erzählen ＿＿＿＿＿

über ＿＿＿＿＿

s Essen (-) ＿＿＿＿＿

## Start Deutsch A1 【Hören Teil 2】

e Lösung (-en) ＿＿＿＿＿

r Fahrgast (-gäste) ＿＿＿＿＿

aus|steigen ＿＿＿＿＿

* r Halt (-e) ＿＿＿＿＿

* e Fahrtrichtung (-en) ＿＿＿＿＿

Besucher/-in (Besucher) 

＿＿＿＿＿

r Ausgang (-gänge) ＿＿＿＿＿

* sehr geehrter/geehrte…

＿＿＿＿＿

15

## Lektion 8

bald    _____

r November (-)    _____

schenken    _____

s Geschenk (-e)    _____

r Januar (-e)    _____

r Februar (-e)    _____

r März (-e)    _____

r Mai (-e)    _____

r Juni (-s)    _____

r August (-e)    _____

r September (-)    _____

r Dezember (-)    _____

e Blume (-n)    _____

geben    _____

r Bonbon (-s)    _____

r Füller (-)    _____

s Bild (-er)    _____

e Tasche (-n)    _____

e Konzertkarte (-n)    _____

beschäftigt    _____

heiraten    _____

s Salz (-e)    _____

populär    _____

entscheiden    _____

r Gastvater (-väter)    _____

e Flasche (-n)    _____

e Gastmutter (-mütter)    _____

e Dose (-n)    _____

s Teegebäck    _____

s Wörterbuch (-Bücher)    _____

s T-Shirt (-s)    _____

r Reiseführer (-)    _____

r Schuh (-e)    _____

e Geldbörse (-n)    _____

r Pullover (-)    _____

r Tourist (-en)    _____

e Bluse (-n)    _____

e Farbe (-n)    _____

s Recht (-e)    _____

s Lesen    _____

r Gutschein (-e)    _____

s Lesezeichen (-)    _____

e Buchhandlung (-en)    _____

kosten    _____

r Euro (-s)    _____

e Jacke (-n)    _____

e Socke (-n)    _____

s Paar (-e)    _____

e Feier (-n)    _____

ein bisschen    _____

anders    _____

r/e Erwachsene (-n)    _____

feiern    _____

normalerweise    _____

selber    _____

im Voraus    _____

reservieren    _____

vor|bereiten    _____

ein|laden    _____

r/e Bekannte (-n)    _____

r Gast (Gäste)    _____

r Mensch (-en)    _____

rein|feiern    _____

sich versammeln _____

*r* Countdown (-s) _____

*e* Mitternacht (-nächte)

_____

an|stoßen _____

*e* Vorsicht _____

gratulieren _____

tabu _____

vorzeitig _____

*r* Glückwunsch (-wünsche)

_____

bringen _____

angeblich _____

*s* Unglück (-e) _____

\* *e* Puppe (-n) _____

\* sammeln _____

\* wünschen _____

**Start Deutsch A1 【Hören Teil 1】**

\* *s* Sonderangebot (-e)

_____

\* *r* Plan (Pläne) _____

\* *e* Überraschung (-en)

_____

\* prima _____

*s* Getränk (-e) _____

*s* Spiel (-e) _____

\* eigentlich _____

\* darüber _____

\* nach|denken _____

\* glauben _____


**Start Deutsch A1 【Schreiben Teil 2】**

*r* Brief (-e) _____

*e* Einladung (-en) _____

17

## Lektion 9

e Heimkehr　　　＿＿＿＿＿

unordentlich　　　＿＿＿＿＿

r Stift (-e)　　　＿＿＿＿＿

liegen　　　＿＿＿＿＿

r Boden (Böden)　　　＿＿＿＿＿

r Tisch (-e)　　　＿＿＿＿＿

legen　　　＿＿＿＿＿

s Bücherregal (-e)　　　＿＿＿＿＿

s Hemd (-en)　　　＿＿＿＿＿

neben　　　＿＿＿＿＿

s Sofa (-s)　　　＿＿＿＿＿

hängen　　　＿＿＿＿＿

r Schrank (Schränke)＿＿＿＿＿

e Wand (Wände)　　　＿＿＿＿＿

r Vorhang (Vorhänge)

　　　＿＿＿＿＿

r Spiegel (-)　　　＿＿＿＿＿

e Lampe (-n)　　　＿＿＿＿＿

r Sessel (-)　　　＿＿＿＿＿

r Teppich (-e)　　　＿＿＿＿＿

r Kalender (-)　　　＿＿＿＿＿

e Tür (-en)　　　＿＿＿＿＿

r Fernseher (-)　　　＿＿＿＿＿

r Kugelschreiber (-)　　　＿＿＿＿＿

s Heft (-e)　　　＿＿＿＿＿

r Taschenrechner (-)　　　＿＿＿＿＿

r Stuhl (Stühle)　　　＿＿＿＿＿

r Abfalleimer (-)　　　＿＿＿＿＿

r Radiergummi (-s)　　　＿＿＿＿＿

r Computer (-)　　　＿＿＿＿＿

s Lineal (-e)　　　＿＿＿＿＿

r Bleistift (-e)　　　＿＿＿＿＿

hinter　　　＿＿＿＿＿

zwischen　　　＿＿＿＿＿

zeichnen　　　＿＿＿＿＿

r Laptop (-s)　　　＿＿＿＿＿

sofort　　　＿＿＿＿＿

vorsichtig　　　＿＿＿＿＿

ruhig　　　＿＿＿＿＿

schnell　　　＿＿＿＿＿

früh　　　＿＿＿＿＿

werden　　　＿＿＿＿＿

r Koffer (-)　　　＿＿＿＿＿

packen　　　＿＿＿＿＿

e Kleidung (-en)　　　＿＿＿＿＿

ein|packen　　　＿＿＿＿＿

voll　　　＿＿＿＿＿

r Reisepass (-pässe)　　　＿＿＿＿＿

r Gott (Götter)　　　＿＿＿＿＿

s Glück (-e)　　　＿＿＿＿＿

blau　　　＿＿＿＿＿

warum　　　＿＿＿＿＿

rot　　　＿＿＿＿＿

weiß　　　＿＿＿＿＿

schwarz　　　＿＿＿＿＿

gelb　　　＿＿＿＿＿

orange　　　＿＿＿＿＿

rosa　　　＿＿＿＿＿

braun　　　＿＿＿＿＿

grau　　　＿＿＿＿＿

lila　　　＿＿＿＿＿

r Rock (Röcke)　　　＿＿＿＿＿

s Kleid (-er)　　　＿＿＿＿＿

pl. Jeans　　　＿＿＿＿＿

e Strumpfhose (-n)　　　＿＿＿＿＿

e Kappe (-n)　　　＿＿＿＿＿

e Mütze (-n) _____

e Sonnenbrille (-n) _____

r Mantel (Mäntel) _____

r Dank _____

vermissen _____

weiter _____

hierher _____

sicher _____

wenn _____

zurück _____

lieber _____

hassen _____

s Lehrbuch (-bücher) _____

r Kühlschrank (-schränke)

_____

r Schreibtisch (-e) _____

r PC (-) _____

e Pflanze (-n) _____

e Stehlampe (-n) _____

r Poster (-) _____

* außerdem _____

* Sänger/-in _____

* Schauspieler/-in _____

* und so weiter _____

s Bad (Bäder) _____

e Küche (-n) _____

leise _____

**Start Deutsch A1【Lesen Teil 3】**

e Aussage (-n) _____

s Mal (-e) _____

s Möbel (-) _____

r Ankauf (Ankäufe) _____

zahlen _____

bar _____

günstig _____

jederzeit _____

r Verleih (-e) _____

r Versand _____

aus|wandern _____

um|ziehen _____

einige _____

s Gepäck _____

versenden _____

s Paket (-e) _____

r Service (-s) _____

e Sache (-n) _____

billig _____

schicken _____

## Start Deutsch A1 【Hören Teil 3】

* persönlich      _____

* *r* Leistungsschein (-e)

     _____

* *r* Flug (Flüge)      _____

*e* Handytasche (-n)      _____

* wohl      _____

* nach|schicken      _____

* *e* Postadresse (-n)      _____

* per      _____

* sobald      _____

## Start Deutsch A1 【Sprechen Teil 3】

formulieren      _____

*e* Bitte (-n)      _____

darauf      _____

## Ergänzung

ab|fahren      _____

*r* Zug (Züge)      _____

*pl.* Winterferien      _____

obwohl      _____

*s* Fieber      _____

aller      _____

solcher      _____

*r* Süden      _____

leben      _____

*e* Zeitschrift (-en)      _____

durch      _____

ohne      _____

gegen      _____

*e* Schule (-n)      _____

*r* Krieg (-e)      _____

beginnen      _____

steigen      _____

springen      _____

weil      _____

*s* Wetter (-)      _____

## Landeskunde

e EU    _____

Lichtenstein    _____

deutschsprachig    _____

s Belgien    _____

s Dänemark    _____

s Finnland    _____

s Irland    _____

s Luxemburg    _____

s Norwegen    _____

s Polen    _____

s Portugal    _____

s Schweden    _____

s Tschechien    _____

pl. Niederlande    _____

europäisch    _____

e Union (-en)    _____

Bonn    _____

Frankfurt am Main    _____

Dresden    _____

Hannover    _____

e Donau    _____

r Rhein    _____

pl. Alpen    _____

e Nordsee    _____

e Ostsee    _____

r Bodensee    _____

s Neuschwanstein    _____

r Gulasch (-e)    _____

pl. Brokkoli    _____

e Soße (-n)    _____

e Weißwurst (-würste)    _____

r Apfelstrudel (-)    _____

täglich    _____

s Grundnahrungsmittel    _____

traditionell    _____

kalt    _____

warm    _____

r/e Deutsche (-n)    _____

s Mittagessen (-)    _____

e Bäckerei (-en)    _____

sonntags    _____

geöffnet    _____

damit    _____

sondern    _____

r Schinken (-)    _____

e Pause (-n)    _____

s Weihnachten (-)    _____

s Ostern (-)    _____

r Karneval (-s)    _____

r Silvester (-)    _____

wichtig    _____

offiziell    _____

haupt-    _____

statt|finden    _____

r Ort (-e)    _____

verschieden    _____

e Parade (-n)    _____

s Kostüm (-e)    _____

werfen    _____

r Alkohol (-e)    _____

größt    _____

bekannt    _____

s Volksfest (-e)    _____

e Welt (-en)    _____

| | | | |
|---|---|---|---|
| ab | _____ | nennen | _____ |
| r Anfang (Anfänge) | _____ | fortan | _____ |
| dauern | _____ | r Rand (Ränder) | _____ |
| e Million (-en) | _____ | r Holzfäller (-) | _____ |
| r Gegensatz (-sätze) | _____ | arm | _____ |
| riesig | _____ | genug | _____ |
| r Sekt (-e) | _____ | weiter|gehen | _____ |
| gemeinsam | _____ | r Esel (-) | _____ |
| s Feuerwerk (-e) | _____ | r Sack (Säcke) | _____ |
| r Heiligabend (-e) | _____ | e Mühle (-n) | _____ |
| r Tannenbaum (-bäume) | | schleppen | _____ |
| | _____ | nun | _____ |
| r Weihnachtstag (-e) | _____ | schwach | _____ |
| r/e Verwandte (-n) | _____ | sodass | _____ |
| z.B. | _____ | Bauer/Bäuerin | _____ |
| christlich | _____ | e Zauberin (-nen) | _____ |
| r Hase (-n) | _____ | lassen | _____ |
| bemalen | _____ | s Haar (-e) | _____ |
| s Osterei (-er) | _____ | herunter | _____ |
| verstecken | _____ | golden | _____ |
| s Märchen (-) | _____ | r Zopf (Zöpfe) | _____ |
| r Musikant (-en) | _____ | r Turm (Türme) | _____ |
| s Schneewittchen | _____ | hinauf|steigen | _____ |
| s Rotkäppchen | _____ | aus|wählen | _____ |
| besitzen | _____ | e Literatur (-en) | _____ |
| r Zauber (-) | _____ | | |
| hin | _____ | | |
| König/-in (Könige) | _____ | | |
| hin|stellen | _____ | | |
| klein | _____ | | |
| s Mädchen (-) | _____ | | |
| lieb | _____ | | |
| r Samt (-e) | _____ | | |
| tragen | _____ | | |

# Arbeitsbuch

*教科書の Lektion 1〜Lektion 9 に登場しないもの

r Dom (-e) ＿＿＿＿＿

r Baum (Bäume) ＿＿＿＿＿

r Buchstabe (-n) ＿＿＿＿＿

s Personalpronomen (-) 

＿＿＿＿＿

r Zungenbrecher (-) ＿＿＿＿＿

herum ＿＿＿＿＿

Fischer/-in ＿＿＿＿＿

fischen ＿＿＿＿＿

frisch ＿＿＿＿＿

e Fliege (-n) ＿＿＿＿＿

hinterher ＿＿＿＿＿

s Blaukraut (-kräuter) ＿＿＿＿＿

s Brautkleid (-er) ＿＿＿＿＿

r Wechsel (-) ＿＿＿＿＿

e Geschichte (-n) ＿＿＿＿＿

r Wochentag (-e) ＿＿＿＿＿

dienstags ＿＿＿＿＿

frei|haben ＿＿＿＿＿

e Aktivität (-en) ＿＿＿＿＿

r Spalt (-e) ＿＿＿＿＿

interviewen ＿＿＿＿＿

r Comic (-s) ＿＿＿＿＿

stimmen ＿＿＿＿＿

e Entschuldigung (-en)

＿＿＿＿＿

unbestimmt ＿＿＿＿＿

r Artikel (-) ＿＿＿＿＿

r Kräutertee (-s) ＿＿＿＿＿

s Weißbier (-e) ＿＿＿＿＿

r Schinken (-) ＿＿＿＿＿

negativ ＿＿＿＿＿

s Geld (-er) ＿＿＿＿＿

folgend ＿＿＿＿＿

e Form (-en) ＿＿＿＿＿

r Schwarztee (-s) ＿＿＿＿＿

bestimmt ＿＿＿＿＿

s Interview (-s) ＿＿＿＿＿

r Keks (-e) ＿＿＿＿＿

e Kirsche (-n) ＿＿＿＿＿

s Mittagessen (-) ＿＿＿＿＿

zwischendurch ＿＿＿＿＿

duschen ＿＿＿＿＿

konjugieren ＿＿＿＿＿

s Modalverb (-en) ＿＿＿＿＿

s Schwimmbad (-bäder)

＿＿＿＿＿

r Satz (Sätze) ＿＿＿＿＿

hinzu|fügen ＿＿＿＿＿

warten ＿＿＿＿＿

r Possessivartikel (-) ＿＿＿＿＿

leben ＿＿＿＿＿

e Tabelle (-n) ＿＿＿＿＿

nachher ＿＿＿＿＿

gegen ＿＿＿＿＿

* r Neffe (-n) ＿＿＿＿＿

* e Nichte (-n) ＿＿＿＿＿

malen ＿＿＿＿＿

r Zug (Züge) ＿＿＿＿＿

e Stunde (-n) ＿＿＿＿＿

s Theater (-) ＿＿＿＿＿

s Präteritum (Präterita)

r Hunger ＿＿＿＿＿

23

| | |
|---|---|
| *r* Laden (Läden) | _____ |
| geöffnet | _____ |
| lange | _____ |
| ein\|schlafen | _____ |
| beantworten | _____ |
| notieren | _____ |
| mindestens | _____ |
| *e* Tätigkeit (-en) | _____ |
| *e* Mauer (-n) | _____ |
| *r* Karneval (-s) | _____ |
| *e* Currywurst (-würste) | |
| | _____ |
| *r* Fallschirm (-e) | _____ |
| springen | _____ |
| tauchen | _____ |
| *r* Star (-s) | _____ |
| *e* Hochzeit (-en) | _____ |
| allein(e) | _____ |
| dankbar | _____ |
| gehören | _____ |
| *r* Tannenbaum (-bäume) | |
| | _____ |
| am besten | _____ |
| *r* Rucksack (-säcke) | _____ |
| *e* Kamera (-s) | _____ |
| *s* Mädchen (-) | _____ |
| *r* Weg (-e) | _____ |
| *e* Mail (-s) | _____ |
| *r* Regenschirm (-e) | _____ |
| Kunde/Kundin (-n) | _____ |
| *s* Lokal (-e) | _____ |
| statt\|finden | _____ |
| geboren | _____ |
| *s* Regal (-e) | _____ |

| | |
|---|---|
| tragen | _____ |
| *r* Imperativ (-e) | _____ |
| *r* Drucker (-) | _____ |
| reparieren | _____ |
| *e* Wäsche (-n) | _____ |
| waschen | _____ |
| *e* Treppe (-n) | _____ |
| *r* Eingang (Eingänge) | _____ |
| *e* Beschreibung (-en) | _____ |

補足問題

| | |
|---|---|
| *e* Übung (-en) | _____ |
| aller | _____ |
| *r* Bus (-se) | _____ |
| *s* Adjektiv (-e) | _____ |
| *e* Endung (-en) | _____ |
| hell | _____ |
| kaputt | _____ |
| kalt | _____ |
| *r* Norden | _____ |
| *e* U-Bahn (-en) | _____ |
| sitzen | _____ |
| *e* Präposition (-en) | _____ |
| *e* Minute (-n) | _____ |
| weil | _____ |
| obwohl | _____ |
| *e* Sonne (-n) | _____ |
| scheinen | _____ |
| regnen | _____ |
| *pl.* Bauchschmerzen | _____ |

（2023 年 2 月発行）

24

# Auf nach Deutschland!

## Ver.2.0

Nami KOMODA

Sayo WATANABE

Angela NIEHAUS

HAKUSUISHA

写真提供：Carola Fuchs
　　　　　Peter Fuchs
　　　　　https://pixabay.com/ja/
イラスト・本文デザイン：多田昭彦

# まえがき

　本書は、Goethe-Institutの主催する『Goethe-Zertifikat A1』の試験に合格する
レベルのドイツ語を習得することを目標としています。この試験は、『ヨーロッパ
言語共通参照枠（CEFR）』のA1レベルの語学能力を有していることを証明するも
のです。『ヨーロッパ言語共通参照枠（CEFR）』とは、ヨーロッパ全体で外国語
の学習者の習得状況を示すガイドラインです。すなわち、日本だけではなく、欧米
でも通用する評価基準の、最も基本的なレベルのドイツ語を習得した、ということ
の証明がなされるわけです。

　全9課、各課に3つのダイアログの構成で、すべてのダイアログが一つのストー
リーになっており、学生たちの大学生活を身近に感じながら、楽しむことができ
ます。ひとつの課に比較的長い授業時間をとることができ、復習や会話・聞き取り
の練習に、より多くの時間をかけられるように工夫しました。文法項目の記述は
できる限りコンパクトに、読む・聞く・書く・話すという4技能を、授業時間をフ
ル活用して鍛えられるように構成されています。また、各課の末尾には、Goethe-
Zertifikat A1を想定した模擬テスト形式の問題を配置しました。各課のテーマとリ
ンクする形で構成されていますので、授業を進めながら、無理なく試験を想定した
練習ができることを目的としています。「Landeskunde」ではドイツ語だけでなく
ドイツの文化や社会についても触れることができます。

　また、付属のArbeitsbuchには、教科書で補いきれない文法項目の定着を目指
し、文法問題や独作文などの課題を収録しています。同時に、語彙拡充を目的とし
て、教科書には未収録の、Goethe-Zertifikat A1に必要なレベルの語彙が各課題に
散りばめられています。さらに、各問題の（○.○）の表記は、教科書のÜ○.○に対
応しており、「教科書内の当該問題まで到達すれば取り組める問題」であることを
表していますので、既習の語彙や文法を復習しながら、より効果的に学習を進めら
れます。

　Goethe-Zertifikat A1の取得を目標とする人も、そうでない人も、本書を通して、
楽しみながら「使える」ドイツ語の習得を目指していただければ幸いです。

　最後になりましたが、本書を作成するにあたり多くの方々にお世話になりまし
た。とりわけ、構想段階から貴重なご助言をくださった同志社大学の三ツ木道夫先
生、Bettina Gildenhard先生、Regine Dieth先生に心より感謝申し上げます。ま
た、すべての関係者の方々にこの場を借りてお礼申し上げます。

著者一同

# 目　　次

5

# Lektion 1 Einführung

## Alphabet

**Sprechen Sie.** 発音してみましょう。 Tr.2

| A | B | C | D | E | F | G | H | I | J | K | L | M | N | O |
|---|---|---|---|---|---|---|---|---|---|---|---|---|---|---|
| P | Q | R | S | T | U | V | W | X | Y | Z | Ä | Ö | Ü | ß |

**Ü 1** **Buchstabieren Sie Ihren Nachnamen oder Vornamen.** 自分の名前の綴りを言ってみましょう。

**Ü 2** **Hören Sie und schreiben Sie.** アルファベットを聞き取ってみましょう。 Tr.3

a) _____  b) _____  c) _____

d) _____  e) _____  f) _____

## Zahlen

**Sprechen Sie.** 発音してみましょう。 Tr.4

| | | | |
|---|---|---|---|
| **0** null | **10** zehn | **20** zwanzig | **30** dreißig |
| **1** eins | **11** elf | **21** einundzwanzig | **40** vierzig |
| **2** zwei | **12** zwölf | **22** zweiundzwanzig | **50** fünfzig |
| **3** drei | **13** dreizehn | **23** dreiundzwanzig | **60** sechzig |
| **4** vier | **14** vierzehn | **24** vierundzwanzig | **70** siebzig |
| **5** fünf | **15** fünfzehn | **25** fünfundzwanzig | **80** achtzig |
| **6** sechs | **16** sechzehn | **26** sechsundzwanzig | **90** neunzig |
| **7** sieben | **17** siebzehn | **27** siebenundzwanzig | **100** hundert |
| **8** acht | **18** achtzehn | **28** achtundzwanzig | |
| **9** neun | **19** neunzehn | **29** neunundzwanzig | |

発音規則：二重母音　ei は [ aɪ ]　eu は [ ɔʏ ]　ie は [ iː ]

**Ü 3**  Sagen Sie Ihre Telefonnummer.  自分の電話番号を言ってみましょう。

**Ü 4**  Hören Sie und schreiben Sie.  数字を聞き取ってみましょう。  🎧 Tr.5

1) _____  2) _____  3) _____

4) _____  5) _____  6) _____

```
························ 発音三大原則 ························
1. ローマ字読み
2. 基本的にアクセントは第一音節に
3. 長母音：「母音＋母音」、「母音＋子音」と「母音＋h」
   短母音：「母音＋子音2つ以上」
```

# Begrüßung

**Sprechen Sie.**  発音してみましょう。  🎧 Tr.6

Guten Morgen!

Guten Tag! /Hallo!

Guten Abend!

Gute Nacht!

Tschüs!

Auf Wiedersehen!

Bis bald!

Auf Wiederhören!
(am Telefon)

発音規則：語末 -dは [ t ]   -gは [ k ]   (-bは [p]  -igは [ɪç])

# die Personen

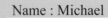 

Name : Seira
Herkunft : Japan, Kyoto
Wohnort : Kyoto
Alter : 19

Ich heiße Seira.
Ich komme aus Japan, aus Kyoto.
Ich wohne auch in Kyoto.
Ich bin 19 Jahre alt.

Name : Michael
Herkunft : Deutschland, München
Wohnort : Kyoto
Alter : 20

Name : Julia
Herkunft : Schweiz, Zürich
Wohnort : Osaka
Alter : 20

Name : Alex
Herkunft : Österreich, Wien
Wohnort : Osaka
Alter : 21

**Und du?** ドイツ語で自己紹介してみましょう！

Ich heiße ...
Ich komme aus ...

# Goethe Zertifikat A1 : Start Deutsch 1
## 【Sprechen Teil 1】

口頭試験のTeil 1では、名前の綴りや数字（電話番号、郵便番号など）を尋ねられます。

Bitte buchstabieren Sie Ihren Vornamen / Nachnamen!
Wie ist Ihre Telefonnummer / Handynummer / Postleitzahl?

Bitte buchstabieren Sie Ihren Vornamen!

Mein Vorname ist S-E-I-R-A.

Wie ist Ihre Telefonnummer?

Meine Telefonnummer ist ....

Wie ist Ihre Postleitzahl?

Meine Postleitzahl ist ....

# Lektion 2 Kennenlernen

大学のベンチでドイツ語の宿題をしているSeiraのところへ、1人の学生がやってきます。

## Dialog 1 (Guten Tag!)

🎧 Tr.8

Michael : Guten Tag!

Seira : Hallo!

Michael : Ich heiße <u>Michael</u>. Wie heißt du?

Seira : Ich heiße <u>Seira</u>. Woher kommst du?

Michael : Ich komme <u>aus Deutschland</u>.
Und du? Woher kommst du?

Seira : Ich komme <u>aus Japan, aus Kyoto</u>.
Wo wohnst du?

Michael : Ich wohne <u>in Kyoto</u>. Und du?

Seira : Ich wohne <u>auch in Kyoto</u>.

**Ü 1.1** **Fragen Sie und antworten Sie.** 周りの人と会話してみましょう。

Wie heißt du?

Woher kommst du?

Wo wohnst du?

Ich heiße ...

Ich komme aus ...

Ich wohne in ...

**Ü 1.2** **Fragen Sie und antworten Sie.** 次の名前や都市名、国名を使って周りの人と会話してみましょう。

🎧 Tr.9

❶ Wie _____? — Ich _____.

Bernd Tobias Robert Thomas Sophie Julia Angela

❷ Woher _____? — Ich _____.

aus ... Österreich Frankreich Spanien England der Schweiz China Korea

❸ Wo _____? — Ich _____.

in ... Düsseldorf Hamburg Köln Leipzig München Wien Zürich

**Fragen Sie und antworten Sie.** 3人にインタビューしてみましょう。

|  | Name | Herkunft | Wohnort |
|---|---|---|---|
| ich |  |  |  |
| Partner/-in 1 |  |  |  |
| 2 |  |  |  |
| 3 |  |  |  |

Ü 1.4   **Sprechen Sie.** Dialog 1 の下線部を、自分に変えて話してみましょう。

Ü 1.5   **Schreiben Sie.** 下線部に疑問詞や動詞を補いましょう。

1) _____ heißt du?   — Ich _____ Anna.

2) _____ kommst du?   — Ich _____ aus Bonn.

3) _____ wohnst du?   — Ich _____ in Wien.

> **ich –e**
> **du –st**

**Fragewörter**（疑問詞）**: wie, woher, wo**
**Verben**（動詞）**: heißen, kommen, wohnen**

Ü 1.6   **Hören Sie und ergänzen Sie.** 下線部を聞きとってみましょう。  🎧 Tr.10

A : Guten Tag!

B : Hallo!

A : Ich heiße _____. Wie heißt du?

B : Ich heiße _____. Woher kommst du?

A : Ich komme _____. Und du? Woher kommst du?

B : Ich komme _____. Wo wohnst du?

A : Ich wohne _____. Und du?

B : Ich wohne _____.

Seiraはドイツ人学生のMichaelと知り合いになりました。彼らの会話は続きます…

# Dialog 2 (auf dem Campus)

Seira : Wie alt bist du? Was machst du hier? Bist du Student?

Michael : Ja, ich bin Student. Ich bin 20 Jahre alt.

Seira : Was studierst du?

Michael : Ich studiere Japanologie.
Bist du auch Studentin?

Seira : Ja, ich bin auch Studentin.
Und ich bin 19 Jahre alt.

Michael : Studierst du Germanistik?

Seira : Nein, ich studiere Chemie.

**Ü 2.1** **Fragen Sie und antworten Sie.** 周りの人と会話してみましょう。

| Wie alt bist du? | Ich bin ... Jahre alt. |
| Was machst du? | Ich bin Student / Studentin. |
| Was studierst du? | Ich studiere ... |

**Ü 2.2** **Fragen Sie und antworten Sie.** 次の職業や専攻を表す単語を使って周りの人と会話してみましょう。

Tr.12

❶ Wie alt _____? — Ich _____.

❷ Was _____? — Ich _____.

Student / Studentin    Lehrer / Lehrerin    Professor / Professorin    Arzt / Ärztin
Verkäufer / Verkäuferin    Angestellter / Angestellte    Schüler / Schülerin

❸ Was _____? — Ich _____.

Technik    Psychologie    Jura    Mathematik    BWL    Informatik
Wirtschaftswissenschaften    Handelswissenschaften    Sportwissenschaften
Kulturgeschichte    Medizin    Soziologie    Theologie    Politik

**Fragen Sie und antworten Sie.** 隣の人にインタビューしてみましょう。

| | Alter | Beruf | Studienfach |
|---|---|---|---|
| ich | | | |
| Partner/-in | | | |

**Fragen Sie und antworten Sie.** 誰かになりきって、インタビューしてみましょう。

| | Name | Alter | Beruf |
|---|---|---|---|
| ich | | | |
| Partner/-in | | | |

**Sprechen Sie.** Dialog 2 の下線部を、自分に変えて話してみましょう。

> **ich bin**
> **du bist**

**Fragewörter**（疑問詞）**: was, wie alt**

**Verben**（動詞）**: machen, studieren, sein**

**Fragen Sie und antworten Sie.** ペアを組んで、会話してみましょう。

❶ _____ du Student / Studentin? — _____ , ich _____ Student / Studentin.

❷ _____ du Germanistik? — _____ , ich _____ .

> **Bist du Student?** — **Ja, ich bin Student.**
> **Kommst du aus Korea?** — **Nein, ich komme aus Japan.**

**Fragen Sie und antworten Sie.** ペアを組んで、ja/nein で答える文で聞いてみましょう。

Name : Heißt du Julia? — Nein, ich _____ .

Wohnort : Wohnst du _____? — Ja / Nein, _____ .

Herkunft : _____? — _____ .

Alter : _____? — _____ .

Beruf : _____? — _____ .

Studienfach : _____? — _____ .

**Schreiben Sie.** 疑問文に対する答えを書いてみましょう。

1）Heißt du Julia?

   _____.

2）Bist du Studentin?

   _____.

3）Wohnst du in Kyoto?

   _____.

4）Studierst du Anglistik?

   _____.

5）Bist du 20 Jahre alt?

   _____.

Ü 2.9 **Hören Sie und ergänzen Sie.** 下線部を聞きとってみましょう。 🎧 Tr.13

A : Wie alt bist du? Was machst du hier?

B : Ich bin _____ Jahre alt. Ich bin _____.

A : Studentin? Was studierst du?

B : Ich studiere _____. Bist du auch Student?

A : Ja, ich bin auch _____.

B : Studierst du BWL?

A : Nein, ich studiere _____.

MichaelとSeiraが話している所へ、もうひとり学生がやってきました。
どうやら彼はMichaelの友人のようです。

# Dialog 3 (Freunde)

 🎧 Tr.14

| | |
|---|---|
| Alex | : Hallo, Michael! Wie geht's? |
| Michael | : Danke, gut. Und dir? |
| Alex | : Auch gut. Danke. |
| Michael | : Alex, das ist Seira. Seira, das ist Alex. Er ist auch Student. |
| Seira | : Hallo, Alex! Ich bin Seira. |
| Alex | : Ich heiße Alex. Freut mich! Lernst du Deutsch? |
| Seira | : Ja. Kommst du auch aus Deutschland? |
| Alex | : Nein, ich komme nicht aus Deutschland. |
| | Ich komme aus Österreich, ich spreche also auch Deutsch. |
| Michael | : Er studiert auch Japanologie und wohnt in Osaka. |
| Alex | : Michael, Julia kommt auch gleich. |
| Michael | : Ach so. Seira, Julia ist die Freundin von Alex.  Sie studiert Chemie. |
| | Aber sie lernt nebenbei auch Japanisch. |
| Seira | : Wirklich? Toll! |

Freut mich! よろしくね
Wirklich? 本当に?
Toll! すごい!

**also** つまり、だから
**gleich** すぐに
**nebenbei** そのほかに、ついでに

**Ü 3.1** **Lesen Sie den Dialog.** どんな内容を話しているか、読んでみましょう。

**Ü 3.2** **Fragen Sie und antworten Sie.** ペアを組み、会話してみましょう。 🎧 Tr.15

❶ Wie _____? — Danke, _____. Und dir? — _____, danke.

sehr gut    gut    es geht    nicht so gut

❷ Was lernst du? — Jetzt lerne ich _____.

Deutsch    Englisch    Chinesisch    Spanisch    Französisch
Koreanisch    Russisch    Japanisch

**Fragen Sie und antworten Sie.** 下の人物のことを尋ねてみましょう。

Beispiel : Wie heißt er? — Er heißt Peter.

Kommt Anja aus Deutschland?

— Nein, sie kommt nicht aus Deutschland. Sie kommt aus Russland.

| Name: | Peter | Name: | Anja |
|---|---|---|---|
| Herkunft: | Deutschland | Herkunft: | Russland |
| Wohnort: | Berlin | Wohnort: | Weimar |
| Studienfach: | Informationswissenschaften | Beruf: | Lehrerin |
| Alter: | 22 | Alter: | 38 |

**Ü 3.4** **Sprechen Sie.** 4人のグループで話してみましょう。

❶ AさんがBさんにCさんのことを尋ねましょう。Bさんはそれに答えてください。

A : Wie heißt er / sie? — B : Er heißt Kenji. / Sie heißt Mona.

❷ BさんがCさんのことを知らなければ、BさんがCさんに聞いてください。

B : Wie heißt du? — C : Ich heiße Kenji.

❸ Bさんは聞いた答えを改めてAさんに教えてあげてください。

B : Er heißt Kenji.

❹ 同様に、今度はBさんがCさんに、Dさんのことを聞いてください。

❺ 名前、出身、住まい、職業、専攻、年齢などを聞いて、何周かしましょう。

| er/sie –t | Jetzt <u>lernt</u> sie auch Japanisch. |
|---|---|
| er/sie ist | Er <u>ist</u> auch Student. |

Verben（動詞）:
lernen, sprechen

**Ü 3.5** **Hören Sie und kreuzen Sie an.** 正しければ R(richtig)、間違っていれば F(falsch) に×印をつけましょう。

🎧 Tr.16   1) Anna kommt aus Berlin.   ☐ R   ☐ F

🎧 Tr.17   2) Manfred wohnt jetzt in Nara.   ☐ R   ☐ F

🎧 Tr.18   3) Nina ist 19 Jahre alt.   ☐ R   ☐ F

🎧 Tr.19   4) Alex studiert Psychologie.   ☐ R   ☐ F

🎧 Tr.20   5) Heute lernt Alex Italienisch.   ☐ R   ☐ F

| ドイツ式のチェックの付け方 | | | |
|---|---|---|---|
| 良い例 | ☒ | | |
| 悪い例 | ☑ | ⊠ | ⊡ ■ |

Ü 3.6  **Schreiben Sie.**

次の人物について、パートナーにAさんのことを尋ね、その答えを文で書きましょう。

同様に、パートナーからBさんのことを尋ねてもらい、Bさんを紹介しましょう。

**A**

| Name: | Roger |
|---|---|
| Herkunft: | Frankreich |
| Wohnort: | Mannheim |
| Beruf: | Arzt |
| Alter: | 63 |

**B**

| Name: | Sophie |
|---|---|
| Herkunft: | Bremen |
| Wohnort: | China |
| Studienfach: | BWL |
| Alter: | 21 |

_____

_____

_____

_____

_____

_____

_____

# Goethe Zertifikat A1: Start Deutsch 1
# 【Sprechen Teil 1】

口頭試験のTeil 1では、自己紹介をします。これまでに習った表現を思い出して、自己紹介をしてみてください。

**Stellen Sie sich bitte vor!**　自己紹介してください！

Wir möchten Sie kennenlernen. Wer sind Sie? Stellen Sie sich bitte vor.

Name?

Alter?

Land?

Wohnort?

Sprachen?

Beruf?

## 1. 主語

ich 私は    du 君は    er 彼は    sie 彼女は

## 2. 動詞の現在人称変化

動詞の不定形：kommen （ komm〔語幹〕＋ -en〔語尾〕）

| | | |
|---|---|---|
| ich | komme | ( komm ＋ -e ) |
| du | kommst | ( komm ＋ -st ) |
| er/sie | kommt | ( komm ＋ -t ) |

be 動詞：sein

ich bin    du bist    er/sie ist

## 3. 疑問文

### 3−1. 疑問詞

wie どのように    was 何が・何を    wo どこで    woher どこから

### 3−2. 疑問詞つき疑問文（W-Fragen）

Wie heißt du?    Wie alt bist du?    Woher kommst du?

Wo wohnt sie?    Was machst du?    Was studiert er?

### 3−3. 疑問詞のない疑問文（Ja/Nein-Fragen）

Kommst du aus Japan?

— Ja, ich komme aus Japan, aus Kyoto.

— Nein, ich komme nicht aus Japan. Ich komme aus Korea.

## 4. 動詞の位置

### 4−1. 平叙文、疑問詞つき疑問文【定動詞第二位】

Ich studiere Chemie.    Er lernt Japanisch.

Jetzt lernt sie Japanisch.    Was machst du hier?

### 4−2. 疑問詞のない疑問文【定動詞文頭】

Lernt er Chinesisch?

Studiert sie BWL?

# Lektion 3 Hobbys

ある日Seiraは、友達になった留学生3人と一緒にカフェに行くことになりました。
歩いていると、ボールを打つ音が聞こえてきました。

## Dialog 1 (Tennis)

🎧 Tr.21

| | |
|---|---|
| Michael | : Oh, da spielen Herr Schmidt und Frau Nakamura Tennis! |
| Seira | : Ja, wirklich gut. |
| Michael | : Guten Tag, Herr Schmidt, guten Tag, Frau Nakamura! |
| Herr Schmidt | : Hallo! |
| Seira | : Spielen Sie oft Tennis? |
| Frau Nakamura | : Ja, wir spielen jeden Tag Tennis. |
| Seira | : Wow, das ist toll! |
| Herr Schmidt | : Spielen Sie auch Tennis? |
| Seira | : Ja, wir spielen auch oft Tennis. |
| Julia | : Echt?! Spielt ihr beide auch Tennis?! |

**spielenと一緒に使うスポーツ、楽器やゲーム** 🎧 Tr.22

Fußball    Baseball    Tischtennis    Basketball    Volleyball

Klavier    Geige    Gitarre    Computerspiele    Karten

**Ü 1.1** **Ergänzen Sie.** 下線部に適切な主語を選んで補いましょう。

1) ＿＿＿＿＿＿ spielen Fußball.　【wir　er　ihr】

2) ＿＿＿＿＿＿ spielen Golf.　【er　Sie　ich】

3) ＿＿＿＿＿＿ spielt Handball.　【wir　sie　du】

4) ＿＿＿＿＿＿ spielt Tennis.　【er　Sie　ich】

5) _____ spielen Cello. 【ihr　sie　ich】

6) _____ spiele Orgel. 【Sie　sie　ich】

7) _____ spielt Karten. 【ihr　du　ich】

8) _____ spielst Schach. 【Sie　sie　du】

**Ü 1.2** **Sprechen Sie.** テニス以外のスポーツ、楽器やゲームなどで表現してみましょう。

❶ Ich spiele _____. Spielst du auch _____?

　— Ja / Nein, _____.

❷ Was spielst du? — Ich spiele _____.

❸ Was spielt ihr? — Wir spielen _____.

**Ü 1.3** **Ordnen Sie zu.** 頻度が低い順に並べてみましょう。

immer　oft　selten　meistens　manchmal　nie

_____ ⇒ _____ ⇒ _____ ⇒

_____ ⇒ _____ ⇒ _____

**Ü 1.4** **Sprechen Sie.** 頻度（下線部）も変えて表現してみましょう。

Beispiel: Wie oft spielen Sie Tennis?　—　Ich spiele zweimal pro Woche Tennis.

einmal pro Tag / Woche / Monat / Jahr
jeden Tag / jede Woche / jeden Monat / jedes Jahr

Wie oft spielen Sie ...?

Ich spiele .... .....

Wie oft spielst du ...?

Ich spiele .... .....

| ich -e | du -st | er/sie -t | |
|--------|--------|-----------|--------|
| wir -en | ihr -t | sie -en | Sie -en |

**Ergänzen Sie.** spielen をそれぞれ正しい形に変えてみましょう。

1) Ich _____ gern Tischtennis.

2) Wir _____ nicht gern Basketball.

3) _____ du gern Klavier?

4) Er _____ oft Fußball.

5) _____ sie gern Baseball?

6) Ihr _____ immer Geige.

7) Wie oft _____ Sie Gitarre?

**Ü 1.6** **Hören Sie und ergänzen Sie.** 下線部を聞き取ってみましょう。  🎧 Tr.23

Michael : Oh, da _____ Thomas _____ !

Seira   : Ja, wirklich _____ .

Michael : Hallo, Thomas!

Thomas : Hallo!

Seira   : _____ _____ oft _____ ?

Thomas : Ja, ich _____ _____ _____ .

テニスコートを後にした4人は、カフェに向かいながら、趣味について話しています。

# Dialog 2 (Hobby)

🎧 Tr.24

Alex    : Seira, spielst du gern Tennis?

Seira   : Ja, sehr gern. Ich fahre auch gern Rad und sehe gern Fußballspiele. Was macht ihr gern?

Alex    : Ich höre gern Rockmusik.

Michael : Meine Hobbys sind Wandern, Tennis, Schwimmen und besonders Judo.

Seira   : Ah, du bist sportlich. Julia, was machst du gern?

Julia   : Ich mache nicht gern Sport, aber ich tanze gern.

Seira   : Hast du noch andere Hobbys?

Julia   : Ja, ich lese auch gern, und ich gehe oft mit Alex ins Kino.

Alex    : Oh ja, wir sehen gern Kriminalfilme.

     Und zu Hause sehe ich manchmal fern.

Judo / Kendo m_chen

 Ski / Fahrrad / A_to fahren

 Musik h_ren

 schw_mmen

 t_nzen

 s_ngen

 j_ggen

 ch_tten

__nkaufen / spazieren gehen

 Filme / DVDs s_hen

 Fr__nde treffen

 l_sen

 ins K_no / Museum gehen

 w_ndern

im Internet s_rfen

 _ngeln

 r__sen

 k_chen

 Fremdspr_chen lernen

 f_tografieren

 D___tsch lernen

 f_rn|sehen*

 ein|k__fen*

 Freunde _n|rufen*

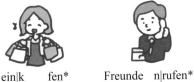 auf|r__men*

---

* 分離動詞：**Kaufst du gern ein? – Ja, ich kaufe gern ein.**

---

**Ü 2.1**　**Fragen Sie und antworten Sie.**　周りの人に趣味を聞いてみましょう。

❶ Was machst du gern? — Ich _____.

❷ Was machst du nicht gern? — Ich _____.

❸ Spielst du gern _____? — Ja / Nein, ich _____.

❹ Fährst du gern _____? — Ja / Nein, ich _____.

❺ Kaufst du gern ein? – Ja / Nein, ich _____.

**fahren : du fährst　　er/sie fährt**

**sehen : du siehst　　er/sie sieht　　lesen : du liest　　er/sie liest**

**treffen : du triffst　　er/sie trifft**

**Fragen Sie und antworten Sie.** 周りの人に「～するのは嫌い？」と尋ねてみましょう。

❶ Spielst du nicht gern _____? — Nein, ich spiele nicht gern _____.

— Doch, ich spiele gern _____.

❷ Liest du nicht gern? — Nein / Doch, ich _____.

❸ Ruft ihr nicht gern Freunde an? — Nein / Doch, wir _____.

> **Liest du nicht gern? — Doch, ich lese gern.**

Ü 2.3 **Fragen Sie und antworten Sie.** （　）内の動詞を使って周りの人と会話してみましょう。

❶ _____ du gern Filme? — Ja, ich _____ gern Filme. (sehen)

❷ _____ du gern ins Kino? — Ja, ich _____ gern ins Kino. (gehen)

❸ _____ du gern Ski? — Ja, ich _____ gern Ski. (fahren)

❹ _____ du gern? — Nein, ich _____ nicht gern. (reisen)

❺ _____ du gern Musik? — Ja, ich _____ gern Musik. (hören)

❻ _____ du gern Judo? — Nein, ich _____ nicht gern Judo. (machen)

❼ _____ du gern Bücher? — Ja, ich _____ gern Bücher. (lesen)

❽ _____ du gern _____? Ja, ich _____ gern _____. (fernsehen)

❾ _____ du gern _____? Nein, ich _____ nicht gern _____. (einkaufen)

| | | |
|---|---|---|
| **wandern** : ich wandere (wandre) | **du wanderst** | **er/sie wandert** |
| **angeln** : ich angele (angle) | **du angelst** | **er/sie angelt** |
| **reisen** : du reist | **er/sie reist** | |
| **tanzen** : du tanzt | **er/sie tanzt** | |

Ü 2.4 **Fragen Sie und antworten Sie.** クラス内で3人に好きなことと嫌いなことをインタビューしてみましょう。

| | gern 1 | gern 2 | nicht gern |
|---|---|---|---|
| ich | | | |
| Partner/-in 1 | | | |
| 2 | | | |
| 3 | | | |

**Ü 2.5** **Sprechen Sie.** Ü2.4 の表をもとにそれぞれパートナーの趣味を紹介してみましょう。

Das ist _____.

Er/Sie _____ gern _____ und _____ gern _____.

Er/Sie _____ nicht gern _____.


**Ü 2.6** **Ergänzen Sie.** 下線部にそれぞれ動詞を補ってみましょう。

1) Ich _____ oft Filme.

2) Wir _____ nicht gern ins Kino.

3) _____ du immer Ski?

4) Er _____ gern Freunde.

5) _____ sie gern Musik?

6) _____ ihr nicht gern Judo?

7) Wie oft _____ Sie Auto?


**Ü 2.7** **Hören Sie und ergänzen Sie.** 下線部を聞き取ってみましょう。  🎧 Tr.26

Alex    : Seira, _____ du gern?

Seira   : Ja, sehr gern. Ich _____ auch gern _____ _____.

          Was macht ihr gern?

Alex    : Ich _____ gern.

Michael: Meine Hobbys sind _____ und _____.

Seira   : Julia, was machst du gern?

Julia    : Ich _____ gern _____.

趣味の話は続いています。テニスが好きなSeiraとMichaelは、週末のテニスにAlexとJuliaも誘っています。

# Dialog 3 (am Wochenende)

Seira : Am Samstag spiele ich mit Michael Tennis.　Spielen wir zusammen Tennis?

Alex : Oh, tut mir leid.　Am Samstag habe ich keine Zeit.

　　　　Julia und ich gehen ins Konzert.

Michael : Das ist aber schade. Habt ihr vielleicht am Sonntag Zeit?

Alex : Ja, da habe ich Zeit.　Und du, Julia?

Julia : Spielt ihr sogar am Sonntag Tennis?

Seira : Ja, natürlich!　Julia, spielen wir zusammen Tennis?

Julia : Na, gut.　Aber danach gehen wir tanzen!

Seira : Tanzen!?　Ich tanze nicht gut ...

Julia : Seira, Tanzen macht Spaß!

Seira : Ah ...

Alex : Also, am Vormittag spielen wir Tennis und am Nachmittag gehen wir tanzen!

Julia : Das klingt gut!

> tut mir leid　ごめんね
> schade　残念
> Das klingt gut! 良さそう！

**Ü 3.1**　**Lesen Sie den Dialog.**　どんな内容を話しているか、読みとってみましょう。

**Ü 3.2**　**Sprechen Sie.**　時間帯や曜日を変えて言ってみましょう。

Wann spielen wir Tennis?　— Wir spielen _____ Tennis.

Wann spielen wir Tennis?　— Wir spielen am _____ Tennis.

> morgens / am Morgen　　vormittags / am Vormittag　　mittags / am Mittag
> nachmittags / am Nachmittag　　abends / am Abend　　nachts / in der Nacht

> am + Sonntag　Montag　Dienstag　Mittwoch　Donnerstag　Freitag　Samstag

**Ü 3.3**　**Fragen Sie und antworten Sie.**　時間があるかないか、いつ時間があるかなどをペアで会話してみましょう。

❶ Hast du Zeit ? — Ja / Nein, ich habe _____ .　【Zeit / keine Zeit】

❷ Hast du keine Zeit ? — Doch / Nein, ich habe _____ .　【Zeit / keine Zeit】

❸ _____ hast du Zeit ? — Ich habe _____ Zeit.

| ich habe | du hast | er/sie hat | |
|---|---|---|---|
| wir haben | ihr habt | sie haben | Sie haben |

**Ü 3.4** **Ergänzen Sie.** haben か sein をそれぞれ正しい形に変えて下線部に入れましょう。

1) Ich _____ morgen Zeit.

2) Wir _____ am Sonntag keine Zeit.

3) _____ du am Mittwoch Zeit?

4) Er _____ am Abend keine Zeit.

5) _____ sie am Nachmittag zu Hause?

6) Ihr _____ heute aber müde.

7) Wann _____ Sie in Deutschland?

| wir | sind |
|---|---|
| ihr | seid |
| sie | sind |
| Sie | sind |

**Ü 3.5** **Lesen Sie.** どの写真を示しているでしょう？  🎧 Tr.28

a      b      c      d      e

1) Mein Name ist Jan Aumann und ich bin 20 Jahre alt. Ich komme aus Berlin, aber wohne jetzt in Wien. Ich spiele oft Klavier und höre jeden Tag klassische Musik. Heute gehe ich mit meiner Freundin ins Konzert. Sie spielt gern Geige. _____

2) Tobias ist 19 Jahre alt. Er wohnt in München. Er fährt gern Ski. Im Winter fährt er meistens in der Schweiz Ski. Aber er fährt nicht gern Snowboard. _____

3) Stephanie ist 21 Jahre alt. Sie kommt aus Italien. Sie spricht gut Deutsch, Englisch und Französisch. Sie reist gern. Sie fährt oft mit Freunden ins Ausland. _____

**Ü 3.6** **Hören Sie.** 正しければ R(richtig)、間違っていれば F(falsch) に×印をつけましょう。

🎧 Tr.29   1) Claudia spielt gern Fußball.    ☐ R    ☐ F

🎧 Tr.30   2) Alex liest jeden Tag Bücher.    ☐ R    ☐ F

🎧 Tr.31   3) Seira geht gern ins Konzert.    ☐ R    ☐ F

# Goethe Zertifikat A1: Start Deutsch 1 [Lesen Teil 2]

筆記試験のLesenは、すべて２択です。正しい方を選びましょう。

**Welches ist richtig?**　どちらが正しい？

Lesen Sie die beiden Texte und die Aufgaben 1 bis 3.
Wo finden Sie Informationen? Kreuzen Sie die richtige Antwort an.

## 1) Sie möchten Deutsch lernen.　☐ a)　☐ b)
a) Sprachschule Darmstadt　　　　　　　　b) Dalaladala Lingua

| **Sprachschule Darmstadt**<br>Darmstadt, Rotstraße 5<br><br>**Englisch, Deutsch, Französisch, Spanisch**<br>- Die Kurse　　- Die Preise<br>- Die Anfahrt　　- Die Lehrer | **Dalaladala Lingua**<br>Sprachkurse für Deutsche<br><br>**Englisch in London / Spanisch in Madrid**<br>Unsere Preise　　Unsere Kurse<br>Buchungen |
| --- | --- |

## 2) Sie möchten Tennis spielen und haben am Sonntag Zeit.　☐ a)　☐ b)
a) Tennisschule Superball　　　　　　　　b) Tennis-Verein Bamberg

| **Tennisschule Superball**<br>Wir bieten Tenniskurse für Kinder von 6-10 Jahren.<br>Kurse am Montag, Dienstag, Freitag und Sonntag von 10-12 Uhr und 16-18 Uhr.<br>Kontakt unter: 0629/66611 | **Tennis-Verein Bamberg**<br>Sie möchten Sport machen und haben Lust auf Tennis? Dann sind sie bei uns richtig. Wir spielen jeden Freitag bis Sonntag Abend von 19-20 Uhr in der Turnhalle Bamberg. Anfänger sind auch willkommen. Bei Interesse melden Sie sich bei: 0686-62883 |
| --- | --- |

## 3) Sie sehen gerne Filme und suchen neue Freunde.　☐ a)　☐ b)
a) Film-Treff　　　　　　　　　　　　　b) Kino-Action 123

| Sie sehen gerne Filme und möchten mit anderen über diese Filme sprechen und schreiben und neue Film-Freunde finden? Dann kommen Sie zu uns. Wir treffen uns jeden Montag und sprechen über neue Filme bei Tee und Kaffee. Bei Interesse: www.film-treff.de | Die neuesten Filme auf großer Leinwand zu guten Preisen. Bitte besuchen sie unsere Homepage: www.kinoaction123.de |
| --- | --- |

# Grammatik

## 1．動詞の現在人称変化

動詞の不定形： kommen ( komm ＋ -en )

| | |
|---|---|
| ich | komme ( komm ＋ -e ) |
| du | kommst ( komm ＋ -st ) |
| er/sie/es | kommt ( komm ＋ -t ) |
| wir | kommen ( komm ＋ -en ) |
| ihr | kommt ( komm ＋ -t ) |
| sie | kommen ( komm ＋ -en ) |
| Sie | kommen ( komm ＋ -en ) |

＊不規則動詞

| | fahren | treffen | sprechen | lesen | sehen | haben | sein |
|---|---|---|---|---|---|---|---|
| ich | fahre | treffe | spreche | lese | sehe | habe | bin |
| du | fährst | triffst | sprichst | liest | siehst | hast | bist |
| er/sie/es | fährt | trifft | spricht | liest | sieht | hat | ist |
| wir | fahren | treffen | sprechen | lesen | sehen | haben | sind |
| ihr | fahrt | trefft | sprecht | lest | seht | habt | seid |
| sie | fahren | treffen | sprechen | lesen | sehen | haben | sind |
| Sie | fahren | treffen | sprechen | lesen | sehen | haben | sind |
| | a ⇒ ä | e ⇒ i | | e ⇒ ie | | | |

＊分離動詞

基礎動詞と前綴りが分離し、前綴りは文末に置く。アクセントは前綴りにある。

fernsehen, einkaufen, anrufen, aufräumen など

Ich sehe am Sonntag fern. Wann kaufen Sie ein?

## 2．gern の使い方

Spielst du gern Tennis? ― Ja, ich spiele gern Tennis.

Nein, ich spiele nicht gern Tennis.

＊ nicht は否定したい単語の直前に置く。

## 3．否定疑問文と doch の使い方

Hast du keine Zeit? ― Doch, ich habe Zeit.

Nein, ich habe keine Zeit.

# Lektion 4 Essen und Trinken

日曜日の夕方、4人は日本食レストランで晩御飯を食べます。
レストランへ向かう途中、スーパーに立ち寄りました。

## Dialog 1 (im Supermarkt) 🎧 Tr.32

Michael : Seira, was kannst du auf Deutsch sagen?

Seira　　: Das ist ein Apfel. Das ist eine Orange.

　　　　　 Das ist ... hm ... Michael, wie heißt das auf Deutsch?

Michael : Erdbeere. Das sind Erdbeeren.

Seira　　 : Ach so, danke!

Julia　　 : Ich esse gern Obst. Was isst du gern, Seira?

Seira　　 : Ich esse gern Gemüse. Aber ich esse nicht gern Zwiebeln.

Alex　　 : Seira, was ist das denn? Ist das ein Ei?

Seira　　 : Nein. Alex, das ist kein Ei. Das heißt Daifuku auf Japanisch.

　　　　　 Das ist eine japanische Süßigkeit.

**kannst** できる　**auf Deutsch sagen** ドイツ語で言う　**denn** いったい　**Süßigkeit(en)** 甘いもの

---

★下線部を聞き取ってみましょう 🎧 Tr.33

*r.* Apf_l (Äpfel)　　*e.* Banan__(-n)　　*e.* __range(-n)　　*r.* Pfirsi___(-e)　　*e.* Erdbee_e(-n)　　*e.* B__rne (-n)

*e.* Karto___el(-n)　　*e.* M__hre(-n)　　*e.* Zw___bel(-n)　　*e.* G__rke(-n)　　*r.* __alat (-e)　　*e.* Tom__te(-n)

*r.* F__sch　　*s.* Fl___sch　　*s.* Gem__se　　*s.* __bst　　*s.* ___(-er)　　*r.* K__se

*e.* __urst　　*s.* Br__t / Br__tchen　　*r.* R__s　　*pl.* N__deln　　*r.* Ku___en

Ü 1.1 **Fragen Sie und antworten Sie.** 周りの人と会話してみましょう。

Was ist das? — Das ist _____.

Ist das _____? — Ja / Nein, das ist _____.

> **Das ist    ein Apfel. /   eine Gurke. /   ein Ei. /        Gemüse.**
> **kein Apfel. / keine Gurke. / kein Ei. / kein  Gemüse.**
> **Das sind  Nudeln. / keine Nudeln.**

Ü 1.2 **Antworten Sie.** 次の疑問文に答えましょう。

1)
Pfirsich    Was ist das?
_____

2)
Kartoffel    Ist das eine Orange?
_____

3)
Tomaten    Sind das Tomaten?
_____

4)
Fisch    Ist das Fleisch?
_____

Ü 1.3 **Fragen Sie und antworten Sie.** 隣の人と会話してみましょう。    🎧 Tr.34

❶ Was isst du gern / nicht gern?                    r. Kaffee

— Ich esse gern / nicht gern _____.                    r. Tee

❷ Was trinkst du gern / nicht gern?                    s. Bier

— Ich trinke gern / nicht gern _____.                    e. Milch

❸ Isst / Trinkst du gern _____?                    r. Saft

— Ja, ich esse / trinke gern _____.                    r. Wein

— Nein, ich esse / trinke nicht gern _____.    s. Wasser

> **Ich esse gern Obst. / Orangen.    Ich trinke nicht gern Milch.**
> *好みは無冠詞。この場合、数えられる名詞は複数形で用いる。

**Verben** (動詞)**: essen , trinken**        *ich esse, du isst, er/sie isst

**Fragen Sie und antworten Sie.** クラス内でインタビューしてみましょう。

|  | gern | | nicht gern | |
|---|---|---|---|---|
|  | essen | trinken | essen | trinken |
| ich |  |  |  |  |
| Partner/-in 1 |  |  |  |  |
| 2 |  |  |  |  |
| 3 |  |  |  |  |

Ü 1.5 **Schreiben Sie.** Ü1.4 の表を文にしましょう。

1) Ich esse gern _____, aber nicht gern _____.

   Ich trinke gern _____, aber nicht gern _____.

2) _____

   _____

3) _____

   _____

4) _____

   _____

Ü 1.6 **Hören Sie und ergänzen Sie.** 下線部を聞きとってみましょう。　🎧 Tr.35

Michael : Seira, was kannst du auf Deutsch sagen?

Seira　 : Das ist _____ _____. Das ist _____ _____.

　　　　　 Das ist ... hm ... Michael, wie heißt das auf Deutsch?

Michael : _____. Das sind _____.

Seira　 : Ach so, danke!

Julia　 : Ich esse gern _____. Was isst du gern, Seira?

Seira　 : Ich esse gern _____.

　　　　　 Aber ich esse nicht gern _____.

レストランに到着し、席に着きました。日本食のメニューを見ながら、それぞれ何を注文するか考えています。

# Dialog 2 (im Restaurant)

🎧 Tr.36

Seira : So, was nehmt ihr?

Michael : Ich bestelle ein Bier, einen Salat und einen Schweinebraten.

Seira : Und du, Julia?

Julia : Ich nehme eine Gemüsesuppe und einen Lachs.
　　　　Ich mag kein Fleisch.

Alex : Ich bekomme ein Bier und eine Pizza!!

Seira : Eine Pizza? Ah, das ist keine Pizza.
　　　　Das ist Okonomiyaki, aber das ist so ähnlich wie Pizza.

**Verben** （動詞）**: nehmen**　　***ich nehme, du nimmst, er/sie nimmt**

**Ü 2.1**　**Fragen Sie und antworten Sie.**　周りの人と会話してみましょう。

Was bestellst du?

　Ich nehme / bekomme / möchte _____.

| s. Bier　　r. Kaffee　　s. Mineralwasser　　e. Gemüsesuppe　　r. Lachs　　r. Auflauf |
| r. Salat　　s. Steak　　r. Schweinebraten　　s. Hähnchen |

**Ich nehme**　**einen Kaffee.**
　　　　　　　　**eine Suppe.**
　　　　　　　　**ein Hähnchen.**

**Ü 2.2**　**Ergänzen Sie.**　ein, eine, einen のいずれかを下線部に入れましょう。

1) Ich nehme _____ Bier.

2) Wir bekommen _____ Kaffee und _____ Tee.

3) Zuerst _____ Rotwein, dann _____ Steak, bitte!

4) Ich bestelle _____ Limonade, _____ Schinkenbrot

　und _____ Schnitzel.

**zuerst** まず　　**dann** それから　　*r.* **Rotwein** 赤ワイン　　*e.* **Limonade** レモネード

*s.* **Schinkenbrot** ハムをのせたパン　　*s.* **Schnitzel** カツレツ

**Ü 2.3** **Sprechen Sie.** ドイツ料理のレストランで注文してみましょう。

### Speisekarte

**Vorspeise**

| | | **Gerichte** | |
|---|---|---|---|
| Gemüsesuppe | € 3,90 | Rindersteak | € 18,50 |
| Fischsuppe | € 4,10 | Schweinebraten | € 13,60 |
| Schinkenbrot | € 4,50 | Schnitzel | € 14.40 |
| Grüner Salat | € 5,80 | Bratwurst | € 8.90 |
| Wurstsalat | € 7,20 | Käsespätzle ( *pl.*) | € 12,70 |

**Dessert**

| | | | |
|---|---|---|---|
| Spaghettieis | € 5,10 | Pfannkuchen | € 3,50 |

### Getränkekarte

| | |
|---|---|
| Cola | € 2,00 |
| Mineralwasser | € 1,80 |
| Bier | € 2,70 |
| Rotwein | € 3,50 |
| Weißwein | € 3,50 |
| Limonade | € 2,30 |
| Apfelschorle | € 2,30 |

Kellner: Was bekommen Sie, bitte?

_____

_____

**Ü 2.4** **Fragen Sie und antworten Sie.** 周りの人と会話してみましょう。

Magst du _____? — Ja, ich _____.

— Nein, ich _____.

> **Ich mag**    **Tee. /**    **Milch. /**    **Obst. /**    **Orangen.**
> **keinen Tee. / keine Milch. / kein Obst. / keine Orangen.**

**Ü 2.5** **Fragen Sie und antworten Sie.**
クラス内でインタビューしてみましょう。右の2列は自分が聞きたい食べ物・飲み物を入れてください。

| | Gurken | Fisch | Kaffee | Milch | | |
|---|---|---|---|---|---|---|
| ich | | | | | | |
| Partner/-in 1 | | | | | | |
| 2 | | | | | | |
| 3 | | | | | | |

Beispiel: Magst du Gurken? — Ja, ich mag Gurken.

Nein, ich mag keine Gurken.

34

**Schreiben Sie.** Ü2.5 の表を mögen を使った文にしましょう。

1) Ich mag _____.

   Ich mag kein__ _____ und kein__ _____.

2) _____

   _____

3) _____

   _____

4) _____

   _____

> **ich mag      du magst      er/sie   mag**
> **wir mögen    ihr mögt      sie/Sie mögen**

**Schreiben Sie.**

パートナーに Julia の好きなもの、嫌いなものを聞いて、その答えを文で書きましょう。
同様に、パートナーから Alex のことを聞いてもらいましょう。パートナーの答えも聞きましょう。

|            | Julia              | Alex                   | Partner/-in |
|------------|--------------------|------------------------|-------------|
| mögen      | Reis, Äpfel, Suppe | Pizza, Gemüse          |             |
| nicht mögen| Fisch, Bier        | Zwiebeln, Schokolade   |             |

Beispiel: Was mag Julia? / Was mag Julia nicht?

  — Sie mag Reis, Äpfel und Suppe. / Sie mag kein ...

_____

_____

**Hören Sie und ergänzen Sie.**                          🎧 Tr.37

Seira    : So, was nehmt ihr?

Michael : Ich bestelle _____ _____, _____ _____

         und _____ _____.

Seira    : Und du, Julia?

Julia    : Ich nehme _____ _____ und _____ _____.

         Ich mag _____ _____.

Alex    : Ich bekomme _____ _____ und _____ _____!

楽しい食事の時間は終わりましたが、Alexはまだ食べています…。

# Dialog 3 (nach dem Abendessen)

🎧 Tr. 38

Michael : Bist du immer noch nicht fertig, Alex?

Alex : Moment! Die Pizza schmeckt fantastisch!

Michael : Ja, sie schmeckt fantastisch, aber ...

Seira : Alex, das ist keine Pizza, das ist ...

Julia : Michael, Seira, das ist Zeitverschwendung.
　　　　Er hört nichts ...

Alex : So, fertig! Jetzt bin ich satt!

Seira : Dann gehe ich bezahlen.

Julia : Alex und ich bezahlen das Okonomiyaki,
　　　　die Suppe, das Bier und den Lachs.

Michael : Und ich bezahle das Bier, den Salat und den Schweinebraten.

Seira : Äh ... ja, aber zuerst bezahle ich für alle zusammen, dann bezahlt
　　　　ihr mir euren Betrag. Das macht man so in Japan.

| Moment! | ちょっと待って！ |
| Bis dann! | またね！ |

• • • • • • • • • • • • • • • • • • • • • • • •

Alex : Seira, gehen wir jetzt zusammen etwas trinken!

Seira : Hm ... Tut mir leid, ich habe keine Zeit.
　　　　Ich habe am Donnerstag eine Prüfung.

Michael : Schade! Und du, Julia?

Julia : Nein, ich habe keine Lust.

Michael : Dann trinke ich nur mit Alex. Bis dann!

Seira : Bis dann. Tschüs!

**noch nicht** まだ〜ない **schmecken** 味がする **Zeitverschwendung** 時間の無駄
**fertig** 完成した **satt** 満腹 **bezahlen** 支払う **r. Betrag** 金額 **für alle** 皆のかわりに
**zusammen** 一緒に **Das macht man so in Japan.** 日本ではそうするよ。
**eine Prüfung haben** 試験がある **mit** 〜と

**Ü 3.1** **Lesen Sie den Dialog.** どんな内容を話しているか、読んでみましょう。

**Ergänzen Sie.** 下線部に当てはまる語を入れましょう。

1) Wie schmeckt _____ Fisch? — _____ schmeckt wunderbar.

2) _____ Schnitzel ist sehr lecker!

3) _____ Pizza ist groß.

> **Der Tee(*Er*) / Die Milch (*Sie*) / Das Steak(*Es*) ist ...**
> **Die Nudeln (*Sie*) sind ...**

**Ü 3.3** **Fragen Sie und antworten Sie.** 周りの人と会話してみましょう。

Kellner: Was bezahlen Sie?

— Ich _____.

| *s.* Bier | *r.* Kaffee | *s.* Mineralwasser | *e.* Gemüsesuppe | *r.* Lachs | *r.* Auflauf |
| *r.* Salat | *s.* Steak | *r.* Schweinebraten | *s.* Hähnchen | | |

> **Ich bezahle den Tee. / die Milch. / das Steak. / die Nudeln.**

**Ü3.4** **Antworten Sie.** 疑問文に答えましょう。

1) Guten Abend! Was bekommen Sie, bitte?

_____

2) Wie schmeckt _____?

_____

3) Was bezahlen Sie? _____

**Ü3.5** **Hören Sie. Was essen und trinken die Leute gern oder nicht gern?**
次の会話を聞いて、それぞれ好きなもの、嫌いなものを聞きとってみましょう。

| | | gern | nicht gern |
|---|---|---|---|
| 🎧 Tr.39 | Lukas | | |
| 🎧 Tr.40 | Laura | | |
| 🎧 Tr.41 | ein Mann | | |

# Goethe Zertifikat A1: Start Deutsch 1
## [Sprechen Teil 2]

口頭試験のTeil 2では、カードに書いてある単語を使って質問します。特定のテーマがあるので、テーマに注意しながら、パートナーに質問しましょう。聞かれた人は、答えてみましょう。

**Fragen Sie und antworten Sie!**　聞いて、答えてください！

Stellen Sie Ihrem Partner / Ihrer Partnerin eine Frage. Sie nehmen eine Karte und auf dieser steht ein Wort. Machen Sie mit diesem Wort einen Fragesatz.

Das Thema ist: Essen und Trinken

| Thema: Essen und Trinken | Thema: Essen und Trinken |
|---|---|
| **Lieblingsessen** | **Fisch** |

| Thema: Essen und Trinken | Thema: Essen und Trinken |
|---|---|
| **Milch** | **Kaffee** |

| Thema: Essen und Trinken | Thema: Essen und Trinken |
|---|---|
| **Frühstück** | **Abendessen** |

## 1．名詞の性と冠詞の種類

*r.* Fisch（男性名詞）　*e.* Milch（女性名詞）　*s.* Fleisch（中性名詞）

不定冠詞：「あるひとつの」。初めて話題に出る数えられる名詞につく。

否定冠詞：名詞を否定するときに使う。

定冠詞：　「その、この」。すでに話題に出たなど、特定できるものを表す名詞につく。

## 2．冠詞の格変化

### 2－1．Nominativ：主語として、または sein 動詞と結びつく語として使う格

|  | *r.* | *e.* | *s.* | *pl.* |
|---|---|---|---|---|
| 不定冠詞 | ein | eine | ein | — |
| 否定冠詞 | kein | keine | kein | keine |
| 定冠詞 | der | die | das | die |

Das ist ein / kein Apfel.　　　Der Apfel（= *er*）ist lecker.

Das ist eine / keine Banane.　　Die Banane（= *sie*）ist lecker.

Das ist ein / kein Ei.　　　　Das Ei（= *es*）ist lecker.

Das sind Eier / keine Eier.　　Die Eier（= *sie*）sind lecker.

### 2－2．Akkusativ：動詞の直接目的語として使う格

|  | *r.* | *e.* | *s.* | *pl.* |
|---|---|---|---|---|
| 不定冠詞 | einen | eine | ein | — |
| 否定冠詞 | keinen | keine | kein | keine |
| 定冠詞 | den | die | das | die |

Ich nehme einen Tee.　　Ich mag keinen Tee.　　Ich bezahle den Tee.

Ich nehme eine Suppe.　　Ich mag keine Suppe.　　Ich bezahle die Suppe.

Ich nehme ein Bier.　　　Ich mag kein Bier.　　　Ich bezahle das Bier.

Ich nehme Nudeln.　　　Ich mag keine Nudeln.　　Ich bezahle die Nudeln.

## 3．無冠詞と複数形

好き嫌いの表現は無冠詞。数えられる名詞の場合、複数形を用いる。

Ich esse gern Fisch. / Zwiebeln.　Ich mag keinen Fisch. / keine Zwiebeln.

# Lektion 5 Vorhaben

AlexとMichaelの2人とレストランの前で別れた後、JuliaはSeiraが話していた試験のことについて聞いています。

## Dialog 1 (auf dem Heimweg) 🎧 Tr.42

> **Gute Idee!**
> いいアイディアだね！
>
> **Passt es dir ~?**
> （～なら）君の都合はいい？

Julia : Seira, wann hast du die Prüfung?

Seira : Am Donnerstag.

Julia : Du hast die Prüfung in Chemie, oder? Ich auch!

Seira : Wirklich? Wollen wir dann zusammen für die Prüfung lernen?

Julia : Gute Idee! Hast du morgen Zeit?

Seira : Morgen? Tut mir leid, da muss ich in die Bibliothek gehen.

　　　　Passt es dir am Dienstag?

Julia : Hm ... Am Vormittag muss ich zu Hause sein, aber um halb drei habe ich Zeit.

Seira : Dann können wir von halb drei bis sechs zusammen lernen. Wo möchtest du lernen?

Julia : Ich möchte ins Café gehen.

　　　　Dort können wir gemütlich mit Kaffee lernen.

### Informelle Uhrzeit （12時間表記） 🎧 Tr.43

Es ist...

| fünf vor zehn | zehn nach zehn | Viertel nach zehn | halb zehn |

### Formelle Uhrzeit （24時間表記）

| 9 Uhr 55 | 10 Uhr 10 | 10 Uhr 15 | 9 Uhr 30 |
| 21 Uhr 55 | 22 Uhr 10 | 22 Uhr 15 | 21 Uhr 30 |

**Ü 1.1** **Fragen Sie und antworten Sie.** 周りの人と会話してみましょう。（Informelle Uhrzeit を使って！）

Wie spät ist es? — Es ist _____.

| 9.15 Uhr | 11.20 Uhr | 14.30 Uhr | 17.50 Uhr | 21.25 Uhr | 23.40 Uhr |

**Antworten Sie.** 次の疑問文に答えましょう。

Beispiel : Wann fängt der Unterricht an?
— Der Unterricht fängt um neun Uhr an.

Wann ...?
um ... / von ... bis ...

1) Wann steht Helga auf?

_____

2) Wann besuchen sie eine Vorlesung?

_____

3) Was machst du um halb vier?

_____

4) Wann liest Herr Schmidt Zeitung?

_____

Ü 1.3 **Schreiben Sie um.** （ ）内の助動詞を加えた文に書き直しましょう。

1) Ich lerne Deutsch. (müssen)

_____

2) Er geht ins Kino. (möchte(n))

_____

3) Von halb zwei bis drei spielen wir Tennis. (können)

_____

4) Siehst du heute Abend fern? (wollen)

_____

---

**Ich <u>möchte</u> ins Café gehen . / <u>Musst</u> du für die Prüfung lernen ?**

| müssen | : ich muss | du musst | er/sie muss |
|---|---|---|---|
| | wir müssen | ihr müsst | sie/Sie müssen |
| können | : ich kann | du kannst | er/sie kann |
| möchte(n) | : ich möchte | du möchtest | er/sie möchte |
| wollen | : ich will | du willst | er/sie will |

**Fragen Sie und antworten Sie.** 周りの人と会話してみましょう。

❶ Hast du um _____ / von _____ bis _____ Zeit?

— Tut mir leid, da _____ ich _____ .

❷ Wann musst du _____ ?

— Ich _____ .

❸ Was möchtest du morgen / am Wochenende / im Sommer machen?

— Ich _____ .

❹ Was willst du morgen / am Wochenende / im Winter machen?

— Ich _____ .

| für die Prüfung lernen    zur Uni / in die Bibliothek gehen    jobben    wandern |
|---|
| frühstücken    zu Mittag / zu Abend essen    auf\|stehen    ins Bett gehen |
| schwimmen    nach Tokyo fahren    einkaufen gehen    Freunde treffen |

Ü 1.5 **Fragen Sie und antworten Sie.** 一日の予定を聞き合ってみましょう。

Was machst du um ...? — Um ... möchte ich ...

Wann jobbst du? — Ich muss von ... bis ...

| Uhrzeit | ich | Partner/-in |
|---|---|---|
|  |  |  |
|  |  |  |
|  |  |  |
|  |  |  |

Ü 1.6 **Hören Sie und ergänzen Sie.** 下線部を聞きとってみましょう。 🎧 Tr.44

Julia : Hast du morgen Zeit?

Seira : Morgen? Tut mir leid, da _____ _____ _____ .

　　　　Passt es dir _____ _____ ?

Julia : Hm ... _____ _____ muss ich zu Hause sein,

　　　　aber _____ _____ _____ habe ich Zeit.

Seira : Dann können wir von _____ bis _____ _____ zusammen lernen.

化学の試験があるJuliaとSeiraは、カフェで一緒に試験勉強をしています。
SeiraがJuliaに何か教えているようです。

## Dialog 2 (im Café)

🎧 Tr.45

Seira : ... Alles klar?

Julia : Hm ... tut mir leid, kannst du das nochmal erklären?

> Alles klar? わかった？

　　　　(Handy klingelt)

Julia : Ah, das ist Alex. Kann ich kurz mit ihm sprechen?

Seira : Ja, natürlich.

Julia : Hallo? Ah, Alex? ... Ja, jetzt bin ich im Café ...Wann? ...

　　　　Hm ... ja, aber tut mir leid, heute kann ich nicht mitkommen ...

　　　　Moment. Seira, soll ich besser nach draußen gehen?

Seira : Ja, im Café darf man nicht telefonieren.

**erklären** 説明する　　**klingeln** 鳴る　　**mit ihm** 彼と　　**kurz** 短い
**mit|kommen** 一緒に来る・行く　　**nach draußen** 外へ
**telefonieren** 電話で話す

---

**Ü 2.1**　**Fragen Sie und antworten Sie.**　周りの人と会話してみましょう。

❶ Kannst du _____?

　— Ja / Nein, _____.　　Kannst du ...?

❷ Kann ich _____?　　Kann ich ...?

　— Ja / Nein, _____.

> mir das Buch aus|leihen　　mir helfen　　auf|räumen　　mit|kommen
> Musik hören　　bei dir übernachten　　dieses Glas benutzen

---

**Ü 2.2**　**Bitten Sie und reagieren Sie.**　隣の人に何か頼んでみましょう。
　　　　頼まれた人は、お願いされたとおりにやってみましょう。断ってもかまいません。

Kannst du mir bitte beim Einkauf helfen?

　— Ja, gerne! / Nein, tut mir leid. Ich habe keine Zeit.

> den Apfel schneiden　　Brot kaufen　　mir das Buch leihen　　ein Taxi rufen
> langsamer sprechen　　das Fenster zu|machen / auf|machen

43

**Fragen Sie und antworten Sie.** 周りの人と会話してみましょう。

Soll ich besser nach draußen gehen?

— Ja, hier darf man nicht / keine _____.

> laut sprechen    essen    telefonieren    rauchen    Hunde mit|bringen

> **sollen** : ich soll    du sollst    er/sie soll
> **dürfen** : ich darf    du darfst    er/sie darf

**Ergänzen Sie.** 下線部に当てはまる助動詞を変化させて入れましょう。
※解答はひとつとは限りません。

> können    wollen    dürfen    müssen    sollen    möchte(n)

1) _____ ich hier rauchen?

2) Hier _____ man nicht parken.

3) Frau Kurz _____ morgen Bremen besuchen.

4) Was _____ du am Wochenende machen?

5) _____ ihr heute Hausaufgaben machen?

   — Nein, wir _____ keine Hausaufgaben machen.

6) _____ ich mein Zimmer aufräumen?

   — Ja, natürlich. Du _____ auch die Fenster putzen.

> **müssen + nicht (kein)   /   dürfen + nicht (kein)**

**Schreiben Sie.** カフェではどのように振る舞いますか？

Beispiel:【können】Im Café kann man Kaffee trinken.

【können】 _____

【dürfen】 _____

【möchte(n)】 _____

【müssen】 _____

【wollen】 _____

2人は一通り勉強を終え、コーヒーを飲みながら話しています。
どうやらSeiraにはドイツへ行く計画があるようです。

# Dialog 3 (beim Kaffee)

Julia : Seira, willst du nicht nach Deutschland fahren?

Seira : Doch, natürlich möchte ich nach Deutschland fahren!
　　　　Ich will im Wintersemester in Deutschland studieren.

Julia : Echt!? Wo in Deutschland? Wie lange?

Seira : Das weiß ich noch nicht. Ich kann vielleicht
　　　　drei oder vier Monate bleiben.

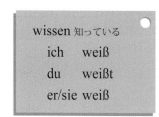

Julia : Das ist toll!

Seira : Ja, deswegen habe ich jetzt viel zu tun.
　　　　Heute muss ich ein Anmeldeformular ausfüllen.

Julia : Kannst du es mir mal zeigen, bitte ... Ah, auf Deutsch?

Seira : Ja. Kannst du mir dabei helfen?

Julia : Ja, gerne! Vorname, Familienname, Geburtsdatum und Geburtsort.

Seira : Was ist Staatsangehörigkeit?

Julia : Die Staatsangehörigkeit... ah, auf Englisch, nationality, also in deinem Fall "japanisch".

Seira : Ich verstehe.

Julia : Und Wohnungstyp ... Seira, wie möchtest du in Deutschland wohnen,
　　　　im Studentenwohnheim oder bei einer Gastfamilie?

Seira : Ich möchte bei einer deutschen Familie wohnen.

Julia : Schön. Übrigens, im Oktober fliegen wir alle nach Deutschland zurück.

Seira : Wie schön, ich möchte euch unbedingt wieder treffen.

---

**nach+地名** ~へ　　**wie lange** どのくらい　　*r.* **Monat(e)** 月　　**bleiben** 滞在する

**deswegen** だから　　**viel zu tun haben** しなければいけないことがたくさんある

*s.* **Anmeldeformular** 申し込み用紙　　**aus|füllen** 記入する　　**zeigen** 見せる

**in deinem Fall** 君の場合　　**verstehen** 理解する　　*s.* **Studentenwohnheim** 学生寮

*e.* **Gastfamilie** ホストファミリー　　**übrigens** ところで　　**zurück|fliegen** (飛行機で)帰る

**euch** 君たちに　　**unbedingt** 絶対に　　**wieder** 再び

**Ü 3.1** **Lesen Sie den Dialog.**　どんな内容を話しているか、読んでみましょう。

**Ü 3.2** **Fragen Sie und antworten Sie.** ペアを組み、聞き合ってみましょう。

Wie lange bleiben Sie in _____?

— Ich möchte _____ bleiben.

> fünf Tage　　eine Woche　　vier Monate　　ein (halbes) Jahr　　zwei Jahre

**Ü 3.3** **Füllen Sie das Formular aus.** Seira が申込用紙の残りを書いています。手伝ってあげましょう。

Seira Moriguchi ist am 15. Februar 2002 in Kyoto geboren. Sie ist 19 Jahre alt.

Sie studiert in Kyoto Chemie und ist noch im 3. Semester. Seit einem Jahr lernt sie an der

Uni Deutsch. Dieses Wintersemester will sie nach Deutschland fliegen.

Da will sie vier Monate bleiben und möchte viel Deutsch lernen.

---

## Anmeldeformular

Vorname: _____　　Familienname: _____

Geburtsdatum: _____　　Geburtsort: _____

Staatsangehörigkeit: _____　　Alter: _____

Semester: _____　　Studienfach: _____

Wohnungstyp: Studentenwohnheim (Einzelzimmer)　　Gastfamilie　　WG

Aufenthalt (wie lange?): _____

Deutsch lernen (seit wann?): _____

---

**Ü 3.4** **Schreiben Sie und fragen Sie.**

週末にしたい、しなければならない、できることを書いて、周りの人と会話してみましょう。

Was möchtest / willst / kannst / musst du am Wochenende machen?

— Am Wochenende möchte / will / kann / muss / ich ...

_____

_____

_____

_____

Ü 3.5 **Fragen Sie und antworten Sie.**

下記の絵を参考に、誰が、どこで、いつ、何をしたい／しなければならない／できるのか、
周りの人と会話してみましょう。

| Tanja | Herr Schneider | Radolf |
|---|---|---|
| in Hawaii | am Nachmittag | jobben |
| schwimmen | fern\|sehen | 13.30 - 18.30 |
| im Sommer | zu Hause | im Café |

| Tim und Wolfgang | Else | Herr und Frau Linke |
|---|---|---|
| im Stadion | 6.30 Uhr | ins Konzert gehen |
| am Samstagabend | auf\|stehen | 20.30 Uhr |
| ein Fußballspiel sehen | | |

Beispiel : Was möchte Tanja im Sommer machen?
　　　　　Wann kann Herr Schneider zu Hause fernsehen?
　　　　　Wo muss Radolf von 13.30 bis 18.30 jobben?
　　　　　Wohin möchten Herr und Frau Linke am Abend gehen?

Ü 3.6 **Hören Sie und kreuzen Sie an.** 正しければ R(richtig)、間違っていれば F(falsch) に×印をつけましょう。

🎧 Tr.47　1) Der Mann möchte im Winter Ski fahren. 　　　　　☐ R 　☐ F

🎧 Tr.48　2) Heute will Marion Jürgen besuchen. 　　　　　　☐ R 　☐ F

🎧 Tr.49　3) Herr und Frau Koch bleiben zwei Wochen in England. 　☐ R 　☐ F

# Goethe Zertifikat A1: Start Deutsch 1
## [Schreiben Teil 1]

筆記試験のTeil 1では、ホテルやスクールの申込用紙の記入を行います。テクストを読んで、申込用紙を完成させましょう。

Helfen Sie ihr und füllen Sie das Formular aus!

申込用紙の記入を手伝ってあげましょう！

**Ihre Freundin möchte sich für einen Deutschkurs anmelden. Sie braucht Ihre Hilfe. Lesen Sie den Text und füllen Sie das Formular für Sie aus.**

Ihre Freundin heißt Mayumi Takahashi und ist am 17. Juli 2001 in Osaka geboren. Sie ist 20 Jahre alt und studiert Germanistik. Sie ist Japanerin und nicht verheiratet. Ihre Adresse ist Umeda, Kitaku, Osaka, Japan. Ihre Handynummer ist 08065876573. Sie hat kein Telefon. In Deutschland möchte sie gerne bei einer Gastfamilie wohnen. Sie lernt schon seit einem Jahr Deutsch an der Universität in Kyoto.

---

### Anmeldeformular zum Deutschkurs A1

Name : _____     Geburtsdatum : _____

Geburtsort : _____

Alter : _____     Geschlecht :  ⬤ männlich  ⬤ weiblich

Staatsangehörigkeit : _____

Familienstand :  ⬤ ledig  ⬤ verheiratet  ⬤ geschieden

Adresse : _____

Telefon : _____     Handy : _____

Beruf : _____

Wohnungstyp :  ⬤ Studentenwohnheim  (Einzelzimmer)

⬤ Studentenwohnheim  (Mehrbettzimmer)

⬤ Gastfamilie  ⬤ eigene Wohnung

Haben Sie schon einmal Deutsch gelernt? _____

Wo? Wie lange? : _____

Osaka, 10.10.20...     Unterschrift: _____*M. Takahashi*_____

---

**Grammatik**

話法の助動詞

**1. 助動詞は人称変化して、定形の位置に来る。動詞は不定形で文末。**

Ich muss für die Prüfung <u>lernen</u>.（平叙文、第二位）

Was möchtest du im Sommer <u>machen</u>?（疑問詞付き疑問文）

Kannst du mir <u>helfen</u>?（決定疑問文）

**2. 助動詞の人称変化**

|  | müssen | können | möchte(n) | wollen | sollen | dürfen |
|---|---|---|---|---|---|---|
| ich | muss | kann | möchte | will | soll | darf |
| du | musst | kannst | möchtest | willst | sollst | darfst |
| er/sie/es | muss | kann | möchte | will | soll | darf |
| wir | müssen | können | möchten | wollen | sollen | dürfen |
| ihr | müsst | könnt | möchtet | wollt | sollt | dürft |
| sie | müssen | können | möchten | wollen | sollen | dürfen |
| Sie | müssen | können | möchten | wollen | sollen | dürfen |

**3. müssen ＋ 否定、dürfen ＋ 否定**

Er muss heute Hausaufgaben machen.〔～しなければならない〕

Er muss nicht nach Hause gehen.〔～する必要がない〕

Du darfst Hunde mitbringen.〔～してもよい〕

Hier darf man nicht rauchen.〔～してはいけない〕

**4. その他の表現**

Wollen wir zusammen ins Café gehen?

Kann/Darf ich mit ihm sprechen?

Kannst du mir dabei helfen?

Soll ich mein Zimmer aufräumen?

# Wiederholung

Hallo!

Herzlich willkommen in Deutschland! Wir heißen Baumann.

## 1. Selbstvorstellung

いよいよドイツです！

まずは Gastfamilie とお互いに自己紹介をしましょう。

Seira になって、または自分がドイツに行ったつもりで、自己紹介をしましょう。

パートナーには、Gastfamilie の誰かになってもらいましょう。

いろいろな人になりきってください。

Name: Rudolf Baumann

Herkunft: Leipzig

Wohnort: München

Alter: 39

Hobby: lesen, im Garten arbeiten

Name: Karl Baumann

Herkunft: München

Wohnort: München

Alter: 12

Hobby: Videospiele spielen

Name: Gisela Baumann

Herkunft: Bremen

Wohnort: München

Alter: 41

Hobby: Ski fahren

**2.** Gastfamilie の名前があまりうまく聞き取れませんでした。綴りを聞いてみましょう。

Buchstabieren Sie bitte Ihren Vornamen!

Quiz: Was sagen sie? 何と言っているでしょう？

Ja, gerne!

Wollen wir uns duzen?

**3.** 自分（あるいはなりきっている人物）の趣味が相手も好きかどうか、聞いてみましょう。
「〜するのは好きじゃないの？」と否定疑問文でも聞いてみましょう。

**4.** 食べ物、飲み物の好き嫌いを聞いてみましょう。

**5.** 空港内にはいろいろな看板がありました。それぞれ文にしてみましょう。

犬を連れていく
Hunde mit|nehmen

_____

_____

_____

**6.** ドイツではどんなことができますか？どんなことがしたいですか？パートナーと話し合って、文にしてみましょう。

_____

_____

_____

# Lektion 6 Familie

Seiraはドイツでの生活を始めました。今日は、ホストファミリーのRudolfとGiselaに一枚の写真を見せながら、家族の話をしています。

## Dialog 1 (Seiras Familie)

🎧 Tr.51

Seira : Guck mal! Das sind meine Eltern.

Rudolf : Oh, sie sehen sympathisch aus. Und wer ist die Frau da hinten rechts?

Seira : Das ist meine Schwester. Sie ist Angestellte.

Gisela : Wer ist der Junge da vorne links? Ist das dein Bruder?

Seira : Ja, das ist mein Bruder.

Er ist 28 Jahre alt und arbeitet als Zahnarzt in Osaka.

Er ist schon verheiratet und

hat eine Tochter. Sie ist erst 1 Jahr alt.

Rudolf : Er sieht sehr jung aus.

Gisela : Das Kaninchen ist sehr süß!

Seira : Ja, danke. Mein Kaninchen heißt Mimi.

> Guck mal!
> ちょっと見て！

**Ü 1.1  Ergänzen Sie.** 表を埋めてみましょう。

| Nominativ | r. | e. | s. | pl. |
|---|---|---|---|---|
| mein | _____ Vater | _____ Mutter | _____ Kind | _____ Geschwister |
| dein | _____ Vater | _____ Mutter | _____ Kind | _____ Geschwister |

**Ü 1.2  Fragen Sie und antworten Sie.** 家族の絵を描いて、家族について周りの人と聞き合ってみましょう。

❶ Wer ist das? — Das ist mein / meine _____.

❷ Ist das dein / deine _____?

— Ja / Nein, das ist mein / meine _____.

❸ Wie alt ist dein / deine _____?

— Mein / Meine _____ ist _____ Jahre alt.

❹ Was macht dein / deine _____ gern?

— Mein / Meine _____ _____ gern _____.

❺ Was ist dein / deine _____ von Beruf ?

— Mein / Meine _____ ist _____.

❻ Wo wohnt dein / deine _____?

— Mein / Meine _____ wohnt in _____.

Großvater (Opa) ⇔ Großmutter (Oma) ···Großeltern
Sohn ⇔ Tochter   Onkel ⇔ Tante   Cousin ⇔ Cousine

**Das ist mein Vater. / meine Mutter.**
**Das sind meine Eltern.**

★下線部を聞き取ってみましょう

___ üler /
___ ülerin

H____smann /
H___sfrau

K__llner /
K__llnerin

L__hrer /
L__hrerin

Ang__stellter /
Ang__stellte

Verk__ fer /
Verk___ferin

P_lizist /
P_lizistin

Ing__nieur /
Ing__nieurin

Fotogr__f /
Fotogr__fin

B__cker /
B__ckerin

__rzt /
__rztin

Fußballsp___ler /
Fußballsp___lerin

**Ü 1.3** **Fragen Sie und antworten Sie.** 兄弟姉妹がいるか周りの人と聞き合ってみましょう。

Hast du Geschwister?

— Ja, ich habe _____ .

— Nein, ich habe _____ .

/ Nein, ich bin Einzelkind.

Einzelkind / keine Geschwister     einen Bruder / keine Schwester     eine Schwester / keinen Bruder

zwei Brüder          zwei Schwestern

**Ü 1.4** **Hören Sie und ergänzen Sie.** 下線部を聞き取ってみましょう。          🎧 Tr.53

Seira   : Guck mal! Das sind meine _____ .

Rudolf : Oh, sie sehen sympathisch aus.

        Und wer ist der Mann _____ _____ ?

Seira   : Das ist mein _____ . Er ist _____ .

Gisela  : Wer ist das da _____ _____ ?

        Ist das deine _____ ?

Seira   : Ja, das ist meine _____ . Sie ist _____ Jahre alt

        und arbeitet als _____ in _____ .

        Sie ist geschieden und hat _____ _____ . Er ist _____ Jahre alt.

Gisela  : Die Katze ist sehr süß!

Seira   : Ja, danke. Meine Katze heißt _____ .

Seiraは、明日初めて大学のゼミに参加します。そのことをRudolfに話しています。
ゼミの先生はどんな人なのでしょうか。

## Dialog 2 (Professor)　🎧 Tr.54

Seira　: Morgen nehme ich am Seminar von Professor Meier teil.

Rudolf: Professor Frank Meier?

Seira　: Ja.　Meine Freunde sagen, „er ist sehr streng".

Rudolf: Nur keine Angst!　Ich finde ihn sehr nett.

Seira　: Kennst du ihn?

Rudolf: Ja, meine Schwester Monika arbeitet auch an der Universität München.
　　　　Professor Meier ist ihr Kollege.

Seira　: Echt?!　Wie ist denn deine Schwester als Professorin?

Rudolf: Ich finde meine Schwester intelligent, aber sie ist sehr streng zu den Studenten.

**Ü 2.1　Ergänzen Sie.** 次の単語の意味を調べてみましょう。　🎧 Tr.55

| streng | | süß | | attraktiv | |
|---|---|---|---|---|---|
| jung | | interessant | | schön | |
| freundlich | | alt | | lustig | |
| uninteressant | | langweilig | | komisch | |
| unsympathisch | | fleißig | | intelligent | |
| hübsch | | nett | | sympathisch | |
| unfreundlich | | faul | | hässlich | |

**Ü 2.2　Ergänzen Sie.** 表を埋めてみましょう。

| Akkusativ | r. | e. | s. | pl. |
|---|---|---|---|---|
| mein | _____ Vater | _____ Mutter | _____ Kind | _____ Geschwister |
| dein | _____ Vater | _____ Mutter | _____ Kind | _____ Geschwister |

**Ü 2.3** Fragen Sie und antworten Sie. 自分の家族やペットについてどう思うか周りの人と聞き合ってみましょう。

❶ Wie findest du deinen / deine / dein _____ ?

 — Ich finde meinen / meine / mein _____ _____ .

❷ Wie findest du ihn / sie / es ?

 — Ich finde ihn / sie / es _____ .

> **Ich finde meinen Vater** (*ihn*) **streng.**
> **meine Mutter** (*sie*) **nett.**
> **mein Kind** (*es*) **süß.**
> **meine Eltern** (*sie*) **lustig.**

**Ü 2.4** Schreiben Sie. 自分の家族について書いてみましょう。

_____

_____

_____

_____

_____

**Ü 2.5** Hören Sie und ergänzen Sie. 下線部を聞き取ってみましょう。 🎧 Tr.56

Seira : Morgen nehme ich am Seminar von Professorin _____ teil.

Rudolf : Professorin _____ _____ ?

Seira : Ja. Meine Freunde sagen, „sie ist sehr _____".

Rudolf : Nur keine Angst! Ich finde sie sehr _____ .

Seira : Kennst du _____ ?

Rudolf : Ja, mein _____ _____ arbeitet auch an der

 Universität _____ . Professorin _____ ist seine Kollegin.

Seira : Echt?! Wie ist denn dein _____ als Professor?

Rudolf : Ich finde ihn _____ , und er ist sehr _____ zu den Studenten.

Giselaが、Seiraに明日の予定を尋ねています。Seiraには特別な予定があるようです。

## Dialog 3 (Gastfamilie)

Gisela : Seira, hast du morgen etwas vor?

Seira : Ja, morgen kommen meine Freunde, Alex, Michael und Julia nach München.
Wir gehen zusammen zum Oktoberfest.

Rudolf : Wann kommen sie am Flughafen an?

Seira : Um 10 Uhr.

Rudolf : Wollen wir sie zusammen mit dem Auto am Flughafen abholen?

Seira : Das ist aber sehr nett von dir!

Gisela : Übrigens, hast du schon das Deutsche Museum oder die Neue Pinakothek besucht?

Seira : Nein, leider noch nicht. Aber Julia liebt Kunst, deshalb besuchen wir die Neue
Pinakothek.

Gisela : Oh, sehr schön. Die Alte Pinakothek und die Pinakothek der Moderne sind auch
empfehlenswert!

Rudolf : Ich empfehle dir das Deutsche Museum. Das Museum ist sehr groß.
Du brauchst viel Zeit für die Besichtigung.

**vor|haben** 予定がある  **an|kommen** 到着する

*e.* **Neue Pinakothek** 絵画館   *e.* **Alte Pinakothek** 絵画館

*e.* **Pinakothek der Moderne** 絵画館   **empfehlen** 勧める

**Ü 3.1**  **Lesen Sie den Dialog.**  どんな内容を話しているか、読んでみましょう。

**Ü 3.2**  **Fragen Sie und antworten Sie.**  周りの人と会話してみましょう。

❶ Kannst du _____ abholen? — Ja, ich hole _____ ab.

❷ Wann besuchst du _____?

— Ich besuche _____ um _____.

> mich   dich   ihn   sie   uns   euch   Sie

---

### Akkusativ

| | | | | |
|---|---|---|---|---|
| **ich – mich** | **du – dich** | **er – ihn** | **sie – sie** | **es – es** |
| **wir – uns** | **ihr – euch** | **sie – sie** | **Sie – Sie** | |

**Wollen wir sie abholen? / Ich rufe dich heute Abend an.**

---

*e.* Kir __ __ e

*s.* K __ no

*r.* S __ permarkt

*e.* P __ st

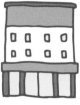

*e.* B __ nk

*s.* R __ staurant

*e.* Biblio __ __ ek

*e.* Un __

*s.* K __ __ fh __ __ s

*r.* K __ osk

*s.* R __ thaus

*r.* B __ __ nhof

**Ü 3.3** **Fragen Sie und antworten Sie.** ペアを組み、下線部を変えて簡単な道案内をしてみましょう。

❶ Was suchst du? — Ich suche einen Supermarkt. / die Uni.

❷ Wo ist das Rathaus? — Gehen Sie hier geradeaus.

geradeaus

nach rechts

nach links

**Ü 3.4** **Hören Sie und ergänzen Sie.** 次の家族に関するインタビューを聞いてみましょう。

| | Name | Familienstand | Alter | Beruf | Hobby |
|---|---|---|---|---|---|
| 🎧 Tr.59 | | *Bruder* | | | |
| 🎧 Tr.60 | | | | | |
| 🎧 Tr.61 | | | | | |
| 🎧 Tr.62 | | | | | |

**Ü 3.5** **Hören Sie und ordnen Sie zu.** 写真の人は誰でしょう。1〜4の数字を入れましょう。  Tr.63

( )      ( )      ( )      ( )

**Ü 3.6** **Lesen Sie und kreuzen Sie an.** 次のテキストを読んで正しいものを選びましょう。

Das ist der Bruder von meinem Vater. Er heißt Martin. Mein Vater und mein Onkel kommen aus Mainz, und mein Vater wohnt jetzt in Hamburg. Martin wohnt in Paris mit seiner Familie. Er arbeitet als Bankangestellter. Er ist 3 Jahre jünger als mein Vater. Mein Vater ist 45 Jahre alt. Er hat viele Hobbys: Schwimmen, Fußball spielen, Ski fahren, ins Kino gehen und Rad fahren. Ich sehe ihn zwei- oder dreimal pro Jahr.

a. Martin ist der Bruder von meiner Mutter. ☐

b. Martin ist mein Onkel. ☐

c. Mein Onkel ist 54 Jahre alt. ☐

d. Mein Vater geht gern ins Kino. ☐

e. Mein Vater ist 51 Jahre alt. ☐

f. Mein Onkel wohnt in Hamburg. ☐

g. Mein Vater kommt aus Mainz. ☐

h. Martin wohnt in Frankreich. ☐

**Ü 3.7** **Ergänzen Sie.** 所有冠詞を入れましょう。

1) _____ Sohn wohnt in der Türkei. （彼の）

2) Das ist _____ Tante. （彼女の）

3) Was macht _____ Kind gern? （君たちの）

4) Ich besuche morgen _____ Onkel. （あなたの）

5) Kennst du _____ Kinder? （私たちの）

6) Ich kenne _____ Schwester gut. （彼らの）

7) Woher kommen _____ Großeltern? （あなたたちの）

8) Mark fotografiert jeden Tag _____ Kind. （彼の）

| | |
|---|---|
| ich → | mein |
| du → | dein |
| er → | sein |
| sie → | ihr |
| es → | sein |
| wir → | unser |
| ihr → | euer |
| sie → | ihr |
| Sie → | Ihr |

Lektion 4と同様に、カードの単語を使って質問します。今回のテーマはFamilieです。テーマに注意しながら、ペアまたはグループで選んだカードの単語を使って質問し、聞かれた人は質問に答えましょう。

**Fragen Sie und antworten Sie!**  聞いて、答えてください!

Stellen Sie Ihrem Partner / Ihrer Partnerin eine Frage. Sie nehmen eine Karte und auf dieser steht ein Wort. Machen Sie mit diesem Wort einen Fragesatz.

Das Thema ist: Familie

| | |
|---|---|
| Thema: Familie<br>**Geschwister** | Thema: Familie<br>**Hobby** |
| Thema: Familie<br>**Mutter** | Thema: Familie<br>**Onkel** |
| Thema: Familie<br>**Beruf** | Thema: Familie<br>**Großeltern** |

### 1．所有冠詞

mein 私の　　dein 君の　　sein 彼の　　ihr 彼女の　　sein それの

unser 私たちの　　euer 君たちの　　ihr 彼らの　　Ihr あなたの・あなた方の

### 2．所有冠詞の格変化

#### 2−1．Nominativ：主語として、または sein 動詞と結びつく語として使う格

|  | *r.* | *e.* | *s.* | *pl.* |
|---|---|---|---|---|
| 所有冠詞 | mein | meine | mein | meine |

Das ist mein Vater.　　　　Mein Vater ( = *er* ) ist nett.

Das ist meine Mutter.　　　Meine Mutter ( = *sie* ) ist nett.

Das ist mein Kind.　　　　Mein Kind ( = *es* ) ist nett.

Das sind meine Eltern.　　　Meine Eltern ( = *sie* ) sind nett.

#### 2−2．Akkusativ：動詞の目的語（〜を）として使う格

|  | *r.* | *e.* | *s.* | *pl.* |
|---|---|---|---|---|
| 所有冠詞 | meinen | meine | mein | meine |

Ich finde meinen Vater ( = *ihn* ) nett.

Ich finde meine Mutter ( = *sie* ) nett.

Ich finde mein Kind ( = *es* ) nett.

Ich finde meine Eltern ( = *sie* ) nett.

### 3．人称代名詞の格変化（Akkusativ）

| Nominativ | ich | du | er | es | sie | wir | ihr | sie | Sie |
|---|---|---|---|---|---|---|---|---|---|
| Akkusativ | mich | dich | ihn | es | sie | uns | euch | sie | Sie |

Ich rufe dich heute an.

Ich rufe ihn heute an.

Ich rufe sie heute an.

# Lektion 7 Reise und Ausflug

Michael、Alex、Juliaの3人がドイツに到着し、Seiraと再会しました。
3人は、Seiraがドイツで何をしていたのか、気になっているようです。

## Dialog 1 (Wiedersehen)

Seira : Ich freue mich, dass wir uns wiedersehen.

Michael : Wie schön dich wiederzusehen.  Wie gefällt es dir in Deutschland?

Seira : Es gefällt mir sehr gut!  Vorgestern habe ich mit meinen Freunden Bier
getrunken und viele Würstchen gegessen. Sie haben fantastisch geschmeckt.

Julia : Was hast du besichtigt?

Seira : Ich habe die Frauenkirche besucht.

Alex : Hast du schon ein Fußballspiel gesehen?

Seira : Ja, natürlich!

> Ich freue mich.
> うれしいなぁ。

★下線部を聞き取って、イラストの記号を記入しましょう。

Tr.65

Tennis ge__ __ielt ( )      eingek__ __ft ( )      ges_ ngen ( )      gech__ttet ( )

fotograf__ert ( )      D__ __tsch gelernt ( )      geang__lt ( )      Musik geh__rt ( )

Bier getr__nken ( )      Judo / Kendo gema__ __t ( )      im Internet ge s__rft ( )

fernges__hen ( )      gel__sen ( )      get__nzt ( )      Filme / DVDs ges__hen ( )

Fr__ __nde getroffen ( )      Fremdspr__chen gespr__chen ( )      geko__ __t ( )

Kuchen geg__ssen ( )      aufger__ __mt ( )      E-Mails geschr__ __ben ( )

gej__bbt ( )      Freunde anger_fen ( )      meine Großeltern bes__cht ( )

a   b   c   d   e   f

g   h   i   j   k   l

m   n   o   p   q   r

s   t   u   v   w   x

**Ü 1.1** **Ordnen Sie zu.** 動詞の過去分詞を特徴ごとに分けてみましょう。

|  | -tで終わる過去分詞 | -enで終わる過去分詞 |
|---|---|---|
| 前にgeがつく動詞 |  |  |
| 前にgeがつかない動詞 |  |  |
| 分離動詞 |  |  |
| 非分離動詞 |  |  |

> *Tipps* 非分離動詞 be-, ge-, er-, ver-, zer-, emp-, ent-, miss-
>
> **besuchen → × gebesucht ○ besucht**
>
> bekommen > bekommen    empfehlen > empfohlen
>
> vergessen > vergessen    verlieren > verloren

**Ü 1.2** **Schreiben Sie.** 昨日したことを書いてみましょう。

Ich habe gestern _____.

Gestern habe ich _____.

_____.

> **Perfekt haben + 過去分詞**
>
> **haben は 2 番目に、過去分詞は文末に置きましょう！**
>
> **Ich habe gestern Tennis gespielt.**
>
> **Gestern habe ich Tennis gespielt.**

**Ü 1.3** **Sprechen Sie.** 昨日したことを周りの人に聞いてみましょう。

Was hast du gestern gemacht?

Gestern habe ich ...

**Ü 1.4** **Ordnen Sie zu.** 時系列に沿って古い順に並べてみましょう。

heute    letztes Jahr    vorgestern    letzte Woche    gestern    letzten Monat

_____ ⇒ _____ ⇒ _____ ⇒ _____ ⇒

_____ ⇒ _____

**Fragen Sie und antworten Sie.** 周りの人と聞き合ってみましょう。

❶ Was hast du in den Sommerferien gemacht?

— Ich habe _____.

❷ Was hast du vorgestern gemacht?

— Ich habe _____.

❸ Was hast du am Sonntag gemacht?

— Ich habe _____.

Ü 1.6 **Hören Sie und ergänzen Sie.** 下線部を聞き取ってみましょう。　🎧 Tr.66

Seira : Ich freue mich, dass wir uns wiedersehen.

Michael: Wie schön dich wiederzusehen.　Wie gefällt es dir in Deutschland?

Seira : Es gefällt mir _____! _____ habe ich mit meinen

Freunden _____ getrunken und viel _____ gegessen.

Es hat fantastisch geschmeckt.

Julia : Was hast du noch _____?

Seira : Ich habe schon das Deutsche _____ besucht.

Alex : Hast du schon ein Fußballspiel gesehen?

Seira : Ja, natürlich!

---

オクターバーフェストの会場に向かいながら、今度はSeiraが、3人が日本で何をしていたのか尋ねています。

# Dialog 2 (im Sommer)　🎧 Tr.67

Seira : Was habt ihr im Sommer in Japan gemacht?

Julia : Ich und Alex sind oft ins Kino gegangen.

Alex : Und wir sind nach Osaka einkaufen gegangen.

Seira : Michael, und du?

Michael : Ich bin nach Okinawa geflogen.

Seira : Oh, das ist toll!

Michael : Wohin bist du schon in Deutschland gefahren?

Seira : Ich bin nach Regensburg gefahren.

Ski / Fahrrad / __ __to gefahren (　)　　　gej __ ggt (　)　　　geschw __ mmen (　)

eink__ __fen / spaz __ eren gegangen (　)　　gefl __ gen (　)　　　gew __ ndert (　)

ins K __ no / Museum geg __ ngen (　)　　zu H __ __ se gebl __ __ ben (　)　　ger __ __ st (　)

a

b

c

d

e

f

g

h

i

---

**Ü 2.1**　**Ordnen Sie zu.**　動詞の過去分詞を特徴ごとに分けてみましょう。

|  | -tで終わる過去分詞 | -enで終わる過去分詞 |
|---|---|---|
| 前にgeがつく動詞 |  |  |
| 前にgeがつかない動詞 |  |  |
| 分離動詞 |  |  |
| 非分離動詞 |  |  |

---

**Ü 2.2**　**Schreiben Sie.**　昨日したことを書いてみましょう。

Ich bin gestern _____.

Gestern bin ich _____.

_____.

_____.

---

> **sein は 2 番目に、過去分詞は文末に置きましょう！**
>
> 　　移動を表す自動詞
> 　　状態の変化を表す自動詞　　　sein ＋過去分詞　　*haben ではない！
> 　　**sein, bleiben** など
>
> **Ich bin gestern ins Kino gegangen.**
> **Gestern bin ich ins Kino gegangen.**

**Fragen Sie und antworten Sie.** 周りの人と聞き合ってみましょう。

❶ Wohin bist du gestern gegangen? — Ich bin _____.

❷ Wohin bist du vorgestern gefahren? — Ich bin _____.

❸ Wohin bist du am Sonntag gegangen? — Ich bin _____.

❹ Bist du im Sommer _____ gefahren? — Ja / Nein, ich bin _____.

> auf den Markt     zu meinen Eltern     in die Bibliothek     ans Meer     an den See
> an den Strand     in den Wald         in die Berge        nach Europa

Ü 2.4 **Ergänzen Sie.** 下線部に **haben** か **sein** を入れてみましょう。

Ich _____ heute Morgen um 6 Uhr aufgestanden und dann _____ ich ein Brötchen

mit Butter und ein Ei gegessen. Danach _____ ich eine Tasse Tee mit Zucker und Zitrone

getrunken. Ich _____ eine Zeitung gelesen. Um 8 Uhr _____ ich mit dem Fahrrad

zur Uni gefahren. Am Mittag _____ ich meine Freundin getroffen. In der Mensa

_____ wir nur einen Kaffee getrunken und eine Kirschtorte mit Sahne gegessen. Am

Abend _____ wir in die Stadt gefahren.

Ü 2.5 **Hören Sie und ergänzen Sie.** 下線部を聞き取ってみましょう。 🎧 Tr.69

Seira     : Was habt ihr im Sommer in Japan gemacht?

Julia     : Ich und Alex _____ oft _____ _____.

Alex     : Und wir _____ in den Bergen _____.

Seira     : Michael, und du?

Michael : Ich _____ nach Okinawa gereist.

Seira     : Oh, das ist _____!

Michael : Wohin _____ du schon in Deutschland gefahren?

Seira     : Ich _____ nach _____ _____.

4人はオクトーバーフェストを楽しんでいます。
Seira以外の3人はここに来たことはあるのでしょうか？

# Dialog 3 (Oktoberfest)

 Tr.70

Seira : Wart ihr schon einmal auf dem Oktoberfest?

Alex : Ja, ich war schon einmal da.

Julia : Nein, leider war ich noch nicht dort.

Michael : Ich komme aus München. Natürlich war ich schon oft auf diesem Fest.
Jedes Jahr hatte ich viel Spaß.

Seira : Ja, das Oktoberfest ist echt super! Viele Leute besuchen das Fest.
Übrigens, Frau Baumann hat mir die Alte Pinakothek empfohlen.
Wollen wir zusammen dorthin gehen?

Michael : Ich bin schon zweimal dort gewesen.

Julia : Wie war es?

Michael : Ich hatte nicht viel Spaß ... Ich interessiere mich nicht für Kunst.

Julia : Oh, das ist aber schade. Kunst ist so toll! Und du Alex, möchtest du mitkommen?

Alex : Ja, ich möchte die Neue Pinakothek oder die Pinakothek der Moderne besuchen.
Michael, hast du auch schon die Pinakothek der Moderne besucht?

Michael : Nein, noch nicht.

Seira : Also, wollen wir die Pinakothek der Moderne besuchen?

Michael : O. K..

> gewesen < sein
> gehabt < haben

**Ü 3.1** **Lesen Sie den Dialog.** どんな内容を話しているか、読んでみましょう。

**Ü 3.2** **Schreiben Sie um.** 次の文を過去形で書いてみましょう。

1) Ich bin in München. ⇒ _____

2) Ich habe viel Spaß. ⇒ _____

3) Wir haben keine Zeit. ⇒ _____

4) Er ist Lehrer. ⇒ _____

| | | |
|---|---|---|
| ich war / hatte | du warst / hattest | er/sie/es war / hatte |
| wir waren / hatten | ihr wart / hattet | sie / Sie waren / hatten |

**Ü 3.3** **Schreiben Sie.** 1週間で自分がしたことを表に埋めてから現在完了形または過去形の文で書いてみましょう。

| | |
|---|---|
| am Montag | |
| am Dienstag | |
| am Mittwoch | |
| am Donnerstag | |
| am Freitag | |
| am Samstag | |
| am Sonntag | |

Am Montag habe ich _____

_____

_____

_____

_____

**Ü 3.4** **Hören Sie und ergänzen Sie.** 次のインタビューを聞いてみましょう。

🎧 Tr.71    🎧 Tr.72    🎧 Tr.73

| | 1 | 2 | 3 |
|---|---|---|---|
| am Montag | in der Bibliothek gelernt | | |
| am Dienstag | | | |
| am Mittwoch | | | |
| am Donnerstag | | | |
| am Freitag | | | viele Bücher _____ |
| am Samstag | eine Burg _____ und einen Ausflug _____ | | |
| am Sonntag | | zurückgeflogen und zu Hause _____ | |

68

**Ü 3.5** **Ergänzen Sie.** （　）に合う動詞を選び過去分詞にして文を完成させましょう。（各動詞 1 回のみ）

> kaufen　treffen　machen　essen　finden　gehen　fahren
> trinken　spielen

○ Was hast du am Wochenende (　　　　)?

▲ Gestern bin ich einkaufen (　　　　).

○ Hast du etwas (　　　　)?

▲ Nein, leider nicht.  Ich habe eine schöne Hose (　　　　), aber sie war zu teuer!

○ Oh, schade!

▲ Und du?  Wohin bist du (　　　　)?

○ Am Samstagabend war ich auf der Geburtstagsparty von meiner Freundin. Dort haben wir

viel (　　　　) und Wein (　　　　).

▲ Hattest du viel Spaß?

○ Ja, sehr!  Und dort habe ich viele Freunde (　　　　).  Und am Sonntag haben wir

zusammen im Park Fußball (　　　　).

**Ü 3.6** **Schreiben Sie um.** 次の文を現在完了形に変えてみましょう。

1) Am Mittwoch bleibe ich den ganzen Tag zu Hause.

_____

2) Er sieht mit seiner Freundin eine DVD und dann geht er einkaufen.

_____

3) Morgen besuchen wir die Kirche und sprechen lange Zeit mit dem Priester.
   （morgen を gestern に変える）

_____

4) Wohin fahrt ihr in den Ferien?

_____

5) Im Winter studiert sie in Spanien.

_____

# Goethe Zertifikat A1: Start Deutsch 1
## [Lesen Teil 1]

筆記試験のLesenTeil 1では、文章を読み、各設問にRichtigかFalschを選びます。

**Richtig oder Falsch?**

**Seira schreibt ihrer deutschen Freundin Lea, die sie in Japan kennen gelernt hat , von ihren Erfahrungen in Deutschland. Lesen Sie die E-Mail und kreuzen Sie 1-3 richtig oder falsch an.**

---

*Liebe Lea,*

*Danke für deine E-Mail. Ich bin froh, dass es dir in Japan gut geht.*

*Ich bin auch endlich nach Deutschland gekommen und ich habe Alex, Michael und Julia wieder getroffen. Viele Grüße von ihnen.*

*Mir gefällt es in Deutschland sehr gut. Ich habe schon die Frauenkirche gesehen und ich bin mit Michael und Julia in die alte Pinakothek gegangen.*

*Die neue Pinakothek habe ich noch nicht besucht. Ich möchte nächstes Wochenende zur neuen Pinakothek gehen.*

*Meine Gastfamilie ist auch sehr nett. Sie erklären mir viel über Deutschland und sie kochen viel deutsches Essen für mich. Das ist sehr lecker.*

*Bitte erzähle mir in der nächsten E-Mail über deine Erfahrungen in Japan.*

*Viele Grüße,*

*Seira*

---

1  Seira hat schon die neue und die alte Pinakothek besucht.          ☐ R          ☐ F
2  Seira mag ihre Gastfamilie.          ☐ R          ☐ F
3  Seira schmeckt deutsches Essen nicht.          ☐ R          ☐ F

# Goethe Zertifikat A1: Start Deutsch 1
## [Hören Teil 2]

聞き取り試験のTeil 2では、各設問にRichtigかFalschを選びます。

**Richtig oder Falsch?**

**Kreuzen Sie die richtige Lösung an. Sie hören jeden Text einmal.**

🎧 Tr.74   1  Die Fahrgäste sollen links aussteigen.          ☐ R          ☐ F
🎧 Tr.75   2  Der Besucher soll zum Ausgang kommen.          ☐ R          ☐ F
🎧 Tr.76   3  Man darf in der Pinakothek rauchen.          ☐ R          ☐ F

### 1．現在完了形

haben／sein ＋ 過去分詞

haben や sein は人称変化させて２番目に、過去分詞は文末に置く。

① sein：移動を表す自動詞（gehen や fahren など）、

状態の変化を表す自動詞（aufstehen など）、

sein や bleiben など。

② haben：上記以外の動詞

### 2．過去分詞

#### 2−1．規則動詞 ge ＋ t

machen ⇒ gemacht　　lernen ⇒ gelernt

spielen ⇒ gespielt

#### 2−2．不規則動詞

fahren ⇒ gefahren　　gehen ⇒ gegangen

essen ⇒ gegessen　　trinken ⇒ getrunken

#### 2−3．分離動詞　前綴りと基礎動詞の間に ge がつく

auf|stehen ⇒ aufgestanden　　mit|kommen ⇒ mitgekommen

ein|kaufen ⇒ eingekauft

#### 2−4．非分離動詞・-ieren で終わる動詞　ge はつかない

besichtigen ⇒ besichtigt　　besuchen ⇒ besucht

studieren ⇒ studiert　　fotografieren ⇒ fotografiert

### 3．sein と haben の過去人称変化

|  | ich | du | er / sie / es | wir | ihr | sie | Sie |
|---|---|---|---|---|---|---|---|
| sein | war | warst | war | waren | wart | waren | waren |
| haben | hatte | hattest | hatte | hatten | hattet | hatten | hatten |

# Lektion 8 Geburtstag und Einkaufen

Pinakothekからの帰り道、Michaelが小声でSeiraに話しかけてきました。
Juliaのことで何か話があるようです。

## Dialog 1 (Geburtstag)　🎧 Tr.77

Michael : Seira, Julia hat bald Geburtstag.

Seira　　 : Wirklich? Wann hat sie Geburtstag?

Michael : Am 24. November.

Seira　　 : Oh, dann möchte ich ihr etwas schenken.

Michael : Ich auch. Was schenkst du ihr?

Seira　　 : Hm ... Ich weiß noch nicht. Hast du schon eine Idee?

Michael : Nein. Wollen wir jetzt zusammen einkaufen gehen?

　　　　　 Dann kann jeder ein anderes Geschenk für sie kaufen.

Seira　　 : Gute Idee. Dann kann ich auch meiner Gastfamilie etwas kaufen.

**bald** もうすぐ　　**schenken** 贈る　　**jeder** それぞれ　　**ander** 別の　　**Geschenk** プレゼント

★下線部を聞きとってみましょう　🎧 Tr.78

| __ anuar | Fe__ruar | M__rz | A__ril | M__i | Jun__ |
| Ju__i | __ugust | __eptember | O__tober | No__ember | De__ember |

Ü 1.1　**Sprechen Sie.** 誰かになりきって誕生日を答えてみましょう。

Wann hast du Geburtstag?

Am sechzehnten September.

Am zweiten Juli.

Am achtundzwanzigsten Mai.

> Datum: am ~ten / ~sten
> **am 5. (fünften) Januar / am 17. (siebzehnten) Juli**
> **am 24. (vierundzwanzigsten) November**
> **\* am 1. (ersten) / am 3. (dritten) / am 8. (achten)**

**Ü 1.2** **Fragen Sie und antworten Sie.** クラス内でインタビューしてみましょう。

Wann _____ ? — Am _____ .

| | ich | Partner/-in 1 | 2 | 3 |
|---|---|---|---|---|
| | | | | |

**Ü 1.3** **Ordnen Sie zu.** 正しく組み合わせましょう。

a 　　　b 　　　c

1) Ich schenke ihm einen Kuchen. ____

2) Ich schenke ihr Blumen. ____

3) Ich gebe ihnen Bonbons. ____

---

**Dativ**

ich - mir　　du - dir　　　er - ihm　sie - ihr　es - ihm

wir - uns　　ihr - euch　　　　　　sie - ihnen　　　　　Sie - Ihnen

**Ich schenke ihm / ihr / ihnen / Ihnen einen Füller.**

\* **Er hilft mir immer.**

---

**Ü 1.4** **Fragen Sie und antworten Sie.** 隣の人と聞き合ってみましょう。

_____ hat bald Geburtstag. Was schenkst du ihm / ihr / ihnen?

— Ich schenke ihm / ihr / ihnen _____ .

Alex　　Sophie　　Frau Schwarzmann　　dein Vater　　eure Eltern

*s.* Bild　　　　*r.* Füller　　　　*e.* Tasche　　　　Bücher　　　Konzertkarten

**Ü 1.5** Ergänzen Sie. （　　） に当てはまる人称代名詞を入れましょう。

1）Du hast morgen Geburtstag, oder? Ich schenke (　　) etwas.

2）Er ist immer beschäftigt. Kann ich (　　) helfen?

3）Seine Schwester heiratet. Was schenkt er (　　)?

4）Kannst du (　　) das Salz geben?

5）Unser Vater hat (　　) das Buch empfohlen.

6）Wart ihr noch nicht in Japan? O. K.. Ich zeige (　　) Tokyo.

> **beschäftigt sein** 忙しい　　**heiraten** 結婚する　　*s.* **Salz** 塩
> **geben** 与える、渡す　　**zeigen** 見せる、示す、案内する

**Ü 1.6** Sprechen Sie. Dialog 1 の下線部を、他の人に変えて話してみましょう。

1）Alex (9.8.)　　2）Sylvia (31.12.)　　3）Tobias und Martin (15. 3.)

4）Ihre Familie (mein Vater, meine Mutter ...)

> *Tipps*　für + Akkusativ
> 【sie】für sie　　【er】für ihn　　【sie（彼ら）】für sie

**Ü 1.7** Hören Sie und ergänzen Sie. 下線部を聞き取ってみましょう。　🎧 Tr.79

Michael: Seira, _____ hat bald Geburtstag.

Seira　 : Wirklich? Wann hat _____ Geburtstag?

Michael: Am _____ _____.

Seira　 : Oh, dann möchte ich _____ etwas schenken.

Michael: Ich auch. Was schenkst du _____?

Seira　 : Hm ... Ich weiß noch nicht. Hast du schon eine Idee?

Michael: Nein. Wollen wir jetzt zusammen einkaufen gehen?

　　　　　Dann kann jeder ein anderes Geschenk für _____ kaufen.

Seira　 : Gute Idee. Dann kann ich auch meiner Gastfamilie etwas kaufen.

Seiraと Michaelは、Juliaの誕生日プレゼントを買うために2人で買い物に来ています。
Michaelはもうプレゼントを決めたようです。

# Dialog 2 (Was kann ich kaufen?)

Seira : Übrigens, was hast du Julia letztes Jahr geschenkt?

Michael : Letztes Jahr habe ich ihr zwei Kinokarten geschenkt.
Sie sieht gern Filme, und Alex auch.

Seira : Und hast du für dieses Jahr schon eine Idee?

Michael : Ja, ich will ihr eine DVD kaufen. Sie mag japanische Filme.

Seira : Super! Gibt es auch in Deutschland japanische DVDs?

Michael : Natürlich. Viele japanische Filme sind in Deutschland populär.

Seira : Das wusste ich nicht. Hm ... dann kaufe ich ...

Michael : Seira, du musst auch deiner Gastfamilie etwas kaufen, oder?

Seira : Ah, die Geschenke habe ich schon entschieden.
Ich kaufe meinem Gastvater eine Flasche Wein und meiner Gastmutter
eine Dose Teegebäck. ... Ah, ich muss Karl auch etwas kaufen!

> es gibt + Akk.
> 〜がある、いる
> Das wusste ich nicht.
> それは知らなかった。

**letztes / dieses Jahr** 去年／今年　　**populär** 人気のある

**entschieden < entscheiden** 決心する　　*e.* **Flasche** ビン　　*e.* **Dose** 缶

*s.* **Teegebäck** (お茶用)クッキー

**Ü 2.1** **Fragen Sie und antworten Sie.** 周りの人と会話してみましょう。

Was schenkst du deinem Vater?

Ich schenke ihm ein Buch.

Was schenkst du deiner Mutter?

Ich schenke ihr Blumen.

> **Ich kaufe dem / meinem Vater (=*ihm*) einen Füller.**
> **der / meiner Mutter (=*ihr*) Blumen.**
> **dem / meinem Kind (=*ihm*) ein Buch.**
> **den / meinen Kindern (=*ihnen*) Bücher.**
> **\* Ich helfe einem Mann. / einer Frau. / einem Kind. / Kindern.**

**Ü 2.2** **Fragen Sie und antworten Sie.**

家族の誰に何をプレゼントしますか？　隣の人と聞き合ってみましょう。

Beispiel : Was schenkst du deinem Vater zum Geburtstag?

— Ich schenke meinem Vater ein Buch.

**Geschenk**

Blumen

*e.* Tasche

*s.* Wörterbuch

*r.* Kuchen

*s.* T-Shirt

*e.* Uhr

*s.* Glas (¨er)

*r.* Reiseführer

Schuhe

*e.* Geldbörse

**Ü 2.3** **Fragen Sie und antworten Sie.**　A の人物が B の人物に対して何をするのか、聞き合ってみましょう。

Was macht Michael? — Er schenkt seinem Onkel einen Pullover.

| A | B | Was? |
|---|---|---|
| Michael | Onkel | einen Pullover schenken |
| Julia | Großmutter | beim Kochen helfen |
| Alex | ein Tourist | die Stadt zeigen |
| *r.* Lehrer | die Studenten | ein Wörterbuch empfehlen |
| ich | | |
| Partner/-in | | |

*Tipps*　男性弱変化名詞（単数主格以外で -n/-en）

| **Nominativ** | der Tourist | ein Student |
| **Dativ** | dem Touristen | einem Studenten |
| **Akkusativ** | den Touristen | einen Studenten |

**Ü 2.4** **Schreiben Sie.**　Ü2.3 の答えを、現在完了形の文で書いてみましょう。

_____

_____

_____

_____

_____

Juliaへの誕生日プレゼントが決められないSeiraに、Michaelが色々とアイディアを出してくれています。

## Dialog 3 (in der Buchhandlung)

🎧 Tr.81

Michael : Wie findest du die Bluse hier?

Seira : Hm ... Ich kenne ihre Lieblingsfarbe nicht.

Michael : Du kannst die Bluse in deiner Lieblingsfarbe nehmen, oder?

Seira : Du hast Recht. Ich finde die Bluse aber langweilig ...

Michael : Ach so. Dann kannst du ihr etwas zum Lesen schenken. Sie liest sehr gern.

Seira : Das ist eine gute Idee! Hm ... Ah, ich kann ihr einen Büchergutschein und
ein Lesezeichen schenken. Wie findest du das?

Michael : Schön! Gehen wir dann in die Buchhandlung!

＊＊＊＊＊＊＊＊＊

Verkäuferin : Kann ich Ihnen helfen?

Seira : Wie viel kostet dieses Lesezeichen?

Verkäuferin : Es kostet 6.90 Euro.

Seira : O. K.. Das nehme ich. Und ich möchte gerne einen Gutschein für 20 Euro.

**kennen** 知っている **e. Bluse** ブラウス **lieblings...** お気に入りの…

**e. Farbe** 色 **Recht haben** 正しい **von** 〜の **r. Gutschein** 商品券

**s. Lesezeichen** しおり **e. Buchhandlung** 本屋 **kosten** （値段が）〜である

**Ü 3.1** **Lesen Sie den Dialog.** どんな内容を話しているか、読んでみましょう。

**Ü 3.2** **Fragen Sie und antworten Sie.** ペアを組み、聞き合ってみましょう。

_____ kostet _____?

— _____ kostet _____.

€32.10

*e.* Tasche

€11.90

*s.* Buch

€81.20

*e.* Jacke

€4.30

Socken

**Ü 3.3** **Hören Sie und ergänzen Sie.** 下線部を聞きとってみましょう。 🎧 Tr.82

Verkäuferin : Kann ich Ihnen helfen?

Seira : Wie viel kostet _____?

Verkäuferin : _____ kostet _____ Euro.

Seira : O. K.. _____ nehme ich.

Und ich möchte gerne ein Paar _____.

**Ü 3.4** **Machen Sie einen Dialog.**

Julia の誕生日に招待されています。ペアを組み、Dialog 3 を参考に、何をプレゼントするかお互いに
相談する会話を作ってみましょう。

A _____

B _____

A _____

B _____

A _____

B _____

A _____

B _____

A _____

B _____

## Geburtstagsfeier

In Japan macht man meistens Geburtstagspartys für Kinder. Aber in Deutschland ist es ein bisschen anders. Auch Erwachsene feiern den Geburtstag mit ihren Familien, Freunden und Kollegen.

In Deutschland gibt man normalerweise selber seine Geburtstagsparty. Man muss schon im Voraus ein Restaurant reservieren oder zu Hause die Party vorbereiten. Meistens lädt man seine Bekannten in seine Wohnung ein. Die Gäste sollten natürlich etwas zu Essen oder Trinken und Geschenke mitbringen.

Junge Menschen machen oft „Reinfeiern". Vor dem Geburtstag versammeln sie sich und machen einen Countdown bis zur Mitternacht. Um 12 Uhr stoßen sie mit Gläsern an.

Vorsicht: vor dem Geburtstag darf man nicht gratulieren! Das ist tabu in Deutschland. Dieser vorzeitige Glückwunsch bringt angeblich Unglück.

1) Mit wem feiert man in Deutschland Geburtstag?

_____

2) Wo feiert man in Deutschland Geburtstag?

_____

3) Was machen die jungen Leute oft zum Geburtstag?

_____

Ü 3.6 **Hören Sie.** それぞれの誕生日と、もらうプレゼントを聞きとってみましょう。

Tr.84 1) Tina    Geburtstag : _____    Geschenk : _____

Tr.85 2) Martin    Geburtstag : _____    Geschenk : _____

Tr.86 3) Elma    Geburtstag : _____    Geschenk : _____

## Goethe Zertifikat A1: Start Deutsch 1
### 【Hören Teil 1】

聞き取り試験のTeil 1では、疑問文の答えを3択で選びます。疑問詞に注目して、何を聞かれているのかをまずは考えてください。

**Was ist richtig?** どれが正しい?

Was ist richtig? Kreuzen Sie an: a, b oder c. Sie hören jeden Dialog zweimal.

**1 Wieviel kostet eine Flasche Wein?**

    ☐ a) 10 Euro           ☐ b) 8 Euro           ☐ c) 10 Euro 80

**2 Wann ist Julias Geburtstagsparty?**

   ☐ a) 24. November    ☐ b) 26. November    ☐ c) 13. November

**3 Was soll Seira mitbringen?**

    ☐ a) Getränke       ☐ b) Musik und Spiele       ☐ c) einen Kuchen

## Goethe Zertifikat A1: Start Deutsch 1
### 【Schreiben Teil 2】

筆記試験のTeil 2では、短い手紙やメールを書きます。3つのポイントをもらさず書いてください。

**Schreiben Sie einen Brief.** 手紙を書いてみよう!

**Sie haben nächste Woche Geburtstag und möchten das feiern. Schreiben Sie eine Einladung zu Ihrer Geburtstagsparty.**

— Warum schreiben Sie?

— Wann ist die Party?

— Wo machen Sie die Party?

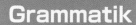

**Grammatik**

### 1．名詞の格（Dativ）

Dativ：動詞の目的語（～に）として使う格。

　　Ich schenke meinem Bruder ( = *ihm* ) ein Buch.

　　Was schenkst du deiner Mutter ( = *ihr* )?

＊「～に」に対応しないこともある。目的語がどの格を取るかは動詞が決める。

　　Er hilft seiner Schwester.（helfen + Dativ）

　　Ich rufe dich an.（an|rufen + Akkusativ）

### 2．人称代名詞の格変化（Dativ）

| Nominativ | ich | du | er | sie | es | wir | ihr | sie | Sie |
|---|---|---|---|---|---|---|---|---|---|
| **Dativ** | **mir** | **dir** | **ihm** | **ihr** | **ihm** | **uns** | **euch** | **ihnen** | **Ihnen** |
| Akkusativ | mich | dich | ihn | sie | es | uns | euch | sie | Sie |

### 3．冠詞の格変化（Dativ）

| | *r.* | *e.* | *s.* | *pl.* | |
|---|---|---|---|---|---|
| 不定冠詞 | einem | einer | einem | — | -n |
| 否定冠詞 | keinem | keiner | keinem | keinen | -n |
| 定冠詞 | dem | der | dem | den | -n |
| 所有冠詞 | meinem | meiner | meinem | meinen | -n |
| | ihrem | ihrer | ihrem | ihren | -n |

複数形の Dativ は名詞にも -n 語尾が付く。男性名詞と中性名詞では、Dativ の冠詞の形は全く同じ。

Alex schenkt der Frau Blumen.

Michael hilft einer Frau.

Julia zeigt ihrer Mutter Fotos.

Ich empfehle meinen Kindern das Buch.

# Lektion 9 Heimkehr

Seiraはあと1週間で日本に帰ります。今日は、部屋の掃除をKarlが手伝ってくれています。

## Dialog 1 (Aufräumen)

🎧 Tr.90

Karl : Oh, Seira, dein Zimmer ist sehr unordentlich! Du musst dein Zimmer aufräumen!

Seira : Ja, ich räume ja schon auf ... Bitte, hilf mir!

Karl : Die Stifte liegen auf dem Boden. Soll ich sie auf den Tisch legen?

Seira : Ja, leg die Stifte auf den Tisch!

Karl : Ein Buch liegt unter dem Bett. Soll ich es ins Bücherregal stellen?

Seira : Ja, bitte!

Karl : Die Hose und das Hemd sind neben dem Sofa, wohin soll ich sie hängen?

Seira : Dann häng sie bitte in den Schrank.

Karl : Verstanden!

🎧 Tr.91

| liegen | legen | stehen | stellen | hängen |

### Wohnung

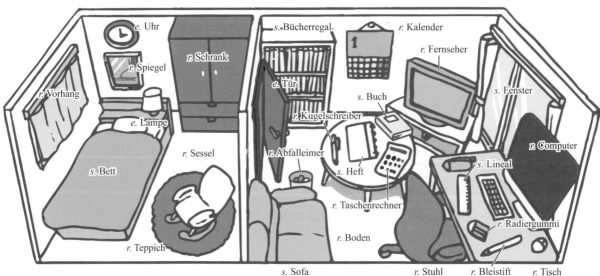

e. Wand

e. Uhr · r. Schrank · s. Bücherregal · r. Kalender · r. Fernseher

r. Spiegel · e. Tür · s. Buch · s. Fenster

r. Vorhang · r. Kugelschreiber · r. Computer

e. Lampe · r. Sessel · r. Abfalleimer · s. Heft · s. Lineal

s. Bett · r. Taschenrechner · r. Radiergummi

r. Teppich · r. Boden

s. Sofa · r. Stuhl · r. Bleistift · r. Tisch

**Ü 1.1** **Sprechen Sie.** 本がどこにあるか、どこに置くのかを下線部を変えて練習しましょう。

❶ Wo ist das Buch? － Das Buch ist auf dem Tisch.

❷ Wohin stellst du das Buch? － Ich stelle es auf den Tisch.

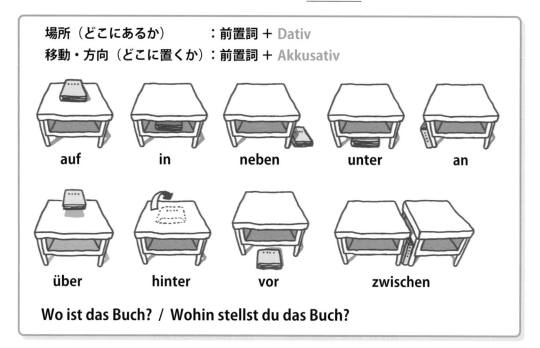

場所（どこにあるか）　　　：前置詞 + Dativ
移動・方向（どこに置くか）：前置詞 + Akkusativ

| auf | in | neben | unter | an |

| über | hinter | vor | zwischen |

**Wo ist das Buch? / Wohin stellst du das Buch?**

*Tipps*　前置詞の融合形
in + dem = im　　an + dem = am　　in + das = ins　　an + das = ans
zu + dem = zum　　zu + der = zur　　von + dem = vom　　bei + dem = beim

**Ü 1.2** **Schreiben Sie und sprechen Sie.** 自分の部屋には何がありますか？どこに置いてありますか？

Was hast du in deinem Zimmer?

－ Ich habe einen _____, ein _____ und eine _____.

Wo steht der / das / die _____?

－ Der / Das / Die _____ steht / liegt auf dem Tisch. (_____ も適宜変えてみましょう)

**Ü 1.3** **Lesen Sie und zeichnen Sie.** 次の文を読んで、次のページに部屋の絵を書いてみましょう。

　Die Lampe steht unter dem Tisch. Das Bett steht neben dem Tisch. Der Laptop liegt auf dem Bett. Der Stuhl steht vor dem Bett. Ein Kugelschreiber und ein Bleistift sind auf dem Stuhl. Auf dem Boden liegen Bücher. Ein Heft liegt neben dem Tisch. Zwischen dem Tisch und dem Bett liegt ein Teppich. Über dem Bett hängt ein Bild an der Wand. Unter dem Stuhl liegt eine Tasche.

**Ü 1.4** **Schreiben Sie.** 上の部屋の家具を自分ならどこに置くでしょう？　作文してみましょう。

*Ich stelle die Lampe neben den Tisch. Ich lege...*

**Ü 1.5** **Sprechen Sie.** Ü1.4 の様子を周りの人と話して比べてみましょう。

Beispiel: Wohin stellst du die Lampe?　— Ich stelle sie neben den Tisch. Und du?

> **du に対する命令形**　~~du~~ legst ⇒ Leg!
> sehen → Sieh!　　fahren → Fahr!　　sein → Sei!

**Ü 1.6** **Schreiben Sie.** du に対する命令形にしてみましょう。

1) heute zu mir kommen　＿＿＿＿＿＿＿＿＿＿＿＿＿＿＿＿＿

2) sofort Hausaufgaben machen　＿＿＿＿＿＿＿＿＿＿＿＿＿

3) den Brief lesen　＿＿＿＿＿＿＿＿＿＿＿＿＿＿＿＿＿＿＿

4) vorsichtig Auto fahren　＿＿＿＿＿＿＿＿＿＿＿＿＿＿＿

5) ruhig sein　＿＿＿＿＿＿＿＿＿＿＿＿＿＿＿＿＿＿＿＿

6) schnell sprechen　＿＿＿＿＿＿＿＿＿＿＿＿＿＿＿＿＿

7) morgen früh aufstehen　＿＿＿＿＿＿＿＿＿＿＿＿＿＿＿

8) Lehrer werden　＿＿＿＿＿＿＿＿＿＿＿＿＿＿＿＿＿＿

**Verben**（動詞）**: werden**　　*ich werde, du wirst, er/sie wird*

9) mir den Kugelschreiber geben　＿＿＿＿＿＿＿＿＿＿＿＿

10) nicht rauchen　＿＿＿＿＿＿＿＿＿＿＿＿＿＿＿＿＿＿

Karl : Oh, Seira, dein Zimmer ist sehr unordentlich! Du musst dein Zimmer aufräumen!

Seira : Ja, ich räume ja schon auf ... Bitte, hilf mir!

Karl : Die Bücher liegen auf dem Boden.

　　　　Soll ich sie ins _____ stellen?

Seira : Ja, stell die Bücher ins _____!

Karl : Ein Bild liegt _____ dem _____.

　　　　Soll ich es an die _____ hängen?

Seira : Ja, bitte!

Karl : Die Hose und das Hemd sind _____ dem _____,

　　　　wohin soll ich sie hängen?

Seira : Dann häng sie bitte in den Schrank.

Karl : Verstanden!

---

Seiraの帰国が明日に迫っています。Karlのおかげで部屋は片付きましたが、Seiraは荷造りに苦労しているようです。

# Dialog 2 (Reisepass)

 Tr.93

Gisela : Hast du schon alles in den Koffer gepackt?

Seira : Nein, noch nicht.  Ich muss noch meine Kleidung und die Bücher einpacken.

Karl : Oh, der Koffer ist ja schon voll.

Seira : Ja.

Gisela : Hast du deinen Reisepass? Du darfst doch den Reisepass nicht vergessen.

Seira : Ah ... mein Gott!  Wo ist mein Reisepass?! Sucht bitte meinen Reisepass!

Karl : Ah, hier ist er zwischen den Büchern!

Seira : Zum Glück, danke!

Gisela : Oh, dein Reisepass ist blau!

Seira : Warum?

Gisela : Der deutsche Reisepass ist rot.

色を塗ってみよう！

**Farbe**

○weiß 　 ○schwarz 　 ○gelb

○grün 　 ○orange 　 ○rosa

○braun 　 ○grau 　 ○lila

*e.* H__se

 *e.* Bl__se

 *s.* H__md

 *r.* R__ck

 *s.* Kl__ __d

 *s.* T-Shirt

 *e.* J__cke

 *r.* P__llover

 *pl.* Jeans

 *pl.* S__cken

 *e.* Strumpfhose

 *e.* K__ppe

 *e.* M__tze

 *e.* S__nnenbrille

 *r.* M__ntel

 *pl.* Sch__he

**Ü 2.1** **Sprechen Sie.** グループでゲームをしてみましょう。順番にひとつずつ持ち物を増やしていきましょう。

Ich nehme ein Buch mit.   ⇒ Ich nehme ein Buch und eine Hose mit.

⇒ Ich nehme ein Buch, eine Hose und einen Rock mit.

⇒ Ich nehme _____ .

> **ihr に対する命令形**   ~~ihr~~ legt ⇒ Legt!
>
> sehen → Seht!   fahren → Fahrt!   sein → Seid!

**Ü 2.2** **Schreiben Sie.** ihr に対する命令形にしてみましょう。

1) heute zu mir kommen _____

2) sofort Hausaufgaben machen _____

3) den Brief lesen _____

4) vorsichtig Auto fahren _____

5) ruhig sein _____

6) schnell sprechen _____

7) morgen früh aufstehen _____

8) Lehrer werden _____

9) mir den Kugelschreiber geben _____

10) nicht rauchen _____

> **Sie に対する命令形**    Sie legen ⇒ Legen Sie!
> sehen → Sehen Sie!    fahren → Fahren Sie!    sein → Seien Sie!

**Ü 2.3**　**Schreiben Sie.**　Sie に対する命令形にしてみましょう。

1) heute zu mir kommen　　_____

2) sofort Hausaufgaben machen　_____

3) den Brief lesen　　_____

4) vorsichtig Auto fahren　　_____

5) ruhig sein　　_____

6) schnell sprechen　　_____

7) morgen früh aufstehen　　_____

8) Lehrer werden　　_____

9) mir den Kugelschreiber geben　_____

10) nicht rauchen　　_____

**Ü 2.4**　**Hören Sie und ergänzen Sie.**　下線部を聞き取ってみましょう。　🎧 Tr.95

Gisela : Hast du schon alles in den Koffer gepackt?

Seira  : Nein, noch nicht.  Ich muss noch meine _____ und _____ einpacken.

Gisela : Oh, der Koffer ist ja schon voll.

Seira  : Ja.

Gisela : Hast du deinen Reisepass?  Du darfst doch den Reisepass nicht vergessen.

Seira  : Ah .... mein Gott!  Wo ist mein Reisepass?!  Ah, hier ist er _____

　　　　 _____ _____!

Gisela : Oh, dein Reisepass ist blau!

Seira  : Warum?

Gisela : Der deutsche Reisepass ist rot.

いよいよドイツを去る時がやってきました。空港で、Seiraとホストファミリーは別れを惜しんでいます。

## Dialog 3 (am Flughafen)

Seira : In München hatte ich eine schöne Zeit. Vielen Dank für alles!

Gisela : Wir hatten wirklich viel Spaß. Ich vermiss dich jetzt schon.

Seira : Ja. Ich möchte nicht nach Japan zurückfliegen ... München gefällt mir sehr gut.

Ich möchte noch weiter hier studieren.

Gisela : Bitte komm auch im nächsten Sommer wieder hierher.

Seira : Ja, sicher!

Gisela : Was machst du, wenn du wieder zurück in Japan bist?

Seira : Ich möchte noch mehr Deutsch lernen.

Karl : Ich komme nächstes Jahr nach Japan und räume mit dir dein Zimmer auf!

Rudolf : Ich komme auch mit und helfe euch!

Gisela : Dann bleibe ich lieber hier.

Ich hasse Aufräumen!

**Ü 3.1** **Lesen Sie den Dialog.** どんな内容を話しているか、読んでみましょう。

**Ü 3.2** **Schreiben Sie.**

Seira になったつもりでホストファミリーに次の 3 つの内容を取り入れてお礼のメールを書きましょう。

（手紙・メール：Lehrbuch S.70, Arbeitsbuch S.14, S.46 等参照）

① お礼

②ドイツに忘れ物をしたので送ってもらう

③ いつ日本に来るのかを尋ねる

_____

_____

_____

_____

_____

**Schreiben Sie und sprechen Sie.**

Seira は帰国後にドイツ人留学生とルームシェアをしようと考えています。
どんな部屋のルールを作り、どんな家具が必要かなどを書き出し、周りの人と話してみましょう。

ルール　　例）Im Zimmer dürfen wir nicht rauchen. _____

_____

_____

必要な物　例）Wir brauchen zwei Sofas und fünf Stühle. _____

_____

_____

---

**Ü 3.4** **Hören Sie.**

これからルームシェアをする予定の留学生達が話しています。何がほしいか聞き取ってみましょう。

| | | 部屋にあるもの | 部屋にほしいもの |
|---|---|---|---|
| 🎧 Tr.97 | 1 | einen _____, zwei Stühle, ein Bücher_____, <br> ein _____, eine _____, einen CD-Spieler | ein _____ |
| 🎧 Tr.98 | 2 | einen Kühl_____, einen _____, einen <br> _____,einen Schreib_____, einen PC, <br> Pflanzen, ein großes _____ | eine Steh_____, <br> ein _____ |
| 🎧 Tr.99 | 3 | einen _____, ein _____, <br> einen _____, viele Poster | ein _____ |

---

**Ü 3.5** **Schreiben Sie und sprechen Sie.**

これから一緒に住む留学生達に、次の語句を使って指示したり、依頼をしてみましょう。ペアで練習しましょう。言われたらどんな反応をしたらよいでしょう。

例）A : Gib mir bitte das Buch!

　　B : Ja, gerne. / Ja, natürlich! / Okay! / Tut mir leid, ich habe keine Zeit/keine Lust.

1) das Zimmer aufräumen

_____

2) das Bad/die Küche putzen

_____

3) mir mit den Hausaufgaben helfen

_____

4) die Musik leise machen

_____

**Richtig oder Falsch?**

Sie lesen drei Aussagen. Sie müssen jedes Mal richtig oder falsch ankreuzen.

### 1 Möbel Ankauf Mayer

> ## Wir zahlen sofort bar zu günstigem Preis
>
> Sie können sich jederzeit melden.
>
> Möbel-Ankauf Mayer, 0604-33333

Seira kann zu jeder Uhrzeit bei Möbel Ankauf Mayer anrufen. ☐ Richtig ☐ Falsch

### 2 Bücherverleih Herrmann

> Sie möchten Bücher lesen aber keine neuen Bücher kaufen?
>
> Dann kommen Sie zu Bücherverleih Herrmann.
>
> Sie können bis zu einem Monat Bücher bei uns leihen.
>
> www.Bücherverleihherrmann.de

Seira kann deutsche Bücher bei Bücherverleih Herrmann kaufen. ☐ Richtig ☐ Falsch

### 3 Auslandversand

> Sie möchten ins Ausland auswandern oder ziehen für einige
> Zeit um, haben aber zu viel Gepäck? Dann sind Sie bei uns
> richtig. Wir versenden große und kleine Pakete für günstige
> Preise. Bitte melden Sie sich unter: 0806-739383

Seira kann mit diesem Service ihre Sachen billig nach Japan schicken. ☐ Richtig ☐ Falsch

## Goethe Zertifikat A1: Start Deutsch 1
## 〔Hören Teil 3〕

聞き取り試験のTeil3では、疑問文の答えを3択で選びます。

**Was ist richtig?** どれが正しい?

Was ist richtig? Kreuzen Sie an: a, b oder c. Sie hören jeden Text zweimal.

### 1 Was ist Tinas LINE-ID?

    ☐ a  Tiehletina 6856    ☐ b  Teihletina 6857    ☐ c  Tihletina 6858

### 2 Wann kommt der Brief von Professor Meier bei Seira an?

    ☐ a  3. Mai        ☐ b  4. Mai        ☐ c  5. Mai

### 3 Was hat Seira vergessen?

    ☐ a  ihre Handytasche und ihren Reiseführer

    ☐ b  ihre Jacke

    ☐ c  ihren Reiseführer, ihre Handytasche und ihre Jacke

## Goethe Zertifikat A1: Start Deutsch 1
## 〔Sprechen Teil 3〕

口頭試験のTeil 3では、カードの単語を使って相手に依頼をしたり、指示したりします。言われた相手は、何らかのリアクションをします。

**Formulieren Sie eine Bitte und reagieren Sie darauf!**

お願いをして、それにリアクションしてください!

Sprechen Sie mit Ihrem Partner / Ihrer Partnerin. Sie haben eine Bitte.

## 1. 命令形

|      | machen       | sein        | fahren       | aufstehen        |
|------|--------------|-------------|--------------|------------------|
| du   | Mach!        | Sei!        | Fahr!        | Steh auf!        |
| ihr  | Macht!       | Seid!       | Fahrt!       | Steht auf!       |
| Sie  | Machen Sie!  | Seien Sie!  | Fahren Sie!  | Stehen Sie auf!  |

## 2. 前置詞 + Dativ

**an, auf, hinter, unter, neben, vor, zwischen, über, in**

Das Buch steht **auf dem** Tisch. Das Poster hängt **an der** Wand.
Das Buch liegt **hinter dem** Sofa. Das Buch liegt **neben dem** Bett.
Das Buch liegt **vor der** Komode. Das Buch liegt **unter dem** Teppich.
Das Buch steht **zwischen dem** Computer und **der** Lampe.
Das Bild hängt **über dem** Sessel. Das Buch steht **im** Regal.

## 3. 前置詞 + Akkusativ

Ich stelle das Buch **auf den** Tisch. Ich hänge das Poster **an die** Wand.
Ich stelle das Buch **hinter das** Sofa. Ich stelle das Buch **neben das** Bett.
Ich stelle das Buch **vor die** Komode. Ich lege das Buch **unter die** Bücher.
Ich stelle das Buch **zwischen den** Computer und **das** Buch.
Ich hänge das Bild **über den** Sessel. Ich stelle das Buch **ins** Regal.

# Ergänzung

－発音一覧
－動詞変化表
－文法補足

# Aussprache （発音規則）

## Vokale （母音）

**1)  a, i, u, e, o**　　　　　　　　　　　　　　　　　　　　　Tr.103

| | | | | | |
|---|---|---|---|---|---|
| a | [a] | kurz（短母音）: | Apfel | alt | |
| | [aː] | lang（長母音）: | Japan | Spaß | |
| i | [i] | Juli | [iː] | Ski | |
| u | [ʊ] | und | [uː] | Guten Tag | |
| e | [ɛ] | Eltern essen | [eː] | lesen | |
| o | [ɔ] | Onkel | [oː] | oder | |

**2)  Umlaute （変母音）**　　　　　　　　　　　　　　　　Tr.104

| | | | | | |
|---|---|---|---|---|---|
| ä | [ɛ] | Äpfel | [ɛː] | schläft | |
| ö | [œ] | öffnen | [øː] | hören | schön |
| ü | [ʏ] | fünf | [yː] | über | |

＊ Vokal + h　　wohnen　　sehen　　ihr　　Uhr　　früh

**3)  Diphthonge （二重母音）**　　　　　　　　　　　　Tr.105

| | | | | | |
|---|---|---|---|---|---|
| au | [aʊ] | Auto | Haus | | |
| ei | [aɪ] | heiße | zwei | | |
| eu, äu | [ɔʏ] | neun | teuer | Verkäufer | Räume |
| ie | [iː] | Liebe | vier | | |
| | [iə] | Familie | Italien | ＊アクセントが付かない場合 | |

94

## Konsonanten（子音）

**1)　-b, -d, -g　　【語末・音節末で [p][t][k]】**　　🎧 Tr.106

-b　　[p]　　halb　　siebzehn

-d　　[t]　　Abend　　Deutschland　　Handtasche

-g　　[k]　　Tag　　mag　　Flugzeug


**2)　j, v, w, z**　　🎧 Tr.107

j　　[j]　　ja　　Japan

v　　[f]　　Volkswagen　　viel

w　　[v]　　was　　wer

z　　[ts]　　Zimmer　　zwei


**3)　s, ss, ß, st-, sp-, sch, tsch**　　🎧 Tr.108

s, ss, ß [s]　　Autos　　essen　　heißen

　＊ s + Vokale [z]　　　sagen　　sehen

st-　　[ʃt]　　Straße　　studieren　　【語頭・音節の始めで】

sp-　　[ʃp]　　spielen　　sprechen　　【語頭・音節の始めで】

sch　　[ʃ]　　Japanisch　　Fisch

tsch　　[tʃ]　　tschüs　　Deutsch


**4)　ch**　　🎧 Tr.109

ch　　[x]　　Nacht　　auch　　Buch　　【a, o, u, au の後ろで】

ch　　[ç]　　ich　　China　　【それ以外で】


**5)　Restliche besondere Konsonanten**　　🎧 Tr.110

-ig　　[iç]　　richtig　　zwanzig　　【語末・音節末で】

chs, x　　[ks]　　sechs　　Taxi

pf　　[pf]　　Pfirsich　　Apfel

qu　　[kv]　　Quadratmeter

l　　[l]　　lieben　　laufen

r　　[r]　　rauchen　　reisen

-r, -er　　[ĕ][e]　　Uhr　　Lehrer

## 掲載動詞一覧 （別冊Arbeitsbuch含む）

### 規則変化動詞 【過去基本形：-te　過去分詞：ge-t】

| | | | | |
|---|---|---|---|---|
| ab\|holen | ein\|kaufen | joggen (*s.*) | parken | suchen |
| angeln | ein\|packen | kaufen | passen | surfen |
| an\|kreuzen | feiern | kennen\|lernen | putzen | tanzen |
| an\|melden | fischen | klingen | rauchen | tauchen |
| antworten | fragen | kochen | reisen (*s.*) | vor\|stellen |
| arbeiten | freuen | kosten | sagen | wandern (*s.*) |
| auf\|machen | frühstücken | leben | schenken | warten |
| auf\|räumen | gehören | legen | schicken | wohnen |
| aus\|füllen | gucken | lernen | schleppen | zeigen |
| aus\|wandern | hassen | lieben | schmecken | zu\|machen |
| brauchen | hängen（他動詞） | machen | spazieren (*s.*) | zu\|ordnen |
| chatten | heiraten | malen | spielen | |
| danken | hinzu\|fügen | melden | stellen | |
| duschen | hören | packen | stimmen | |

### 過去分詞に ge- が付かない動詞 【過去基本形：-te　過去分詞：-t】

**-ieren 動詞**

| | |
|---|---|
| buchstabieren | reagieren |
| formulieren | reparieren |
| fotografieren | reservieren |
| gratulieren | studieren |
| interessieren | telefonieren |
| konjugieren | |

**非分離動詞**
＊不規則変化をする非分離動詞を除く

| | |
|---|---|
| beantworten | ergänzen |
| bemalen | erklären |
| benutzen | erzählen |
| besichtigen | übernachten |
| bestellen | vermissen |
| besuchen | versammeln |
| bezahlen | verstecken |

その他の動詞

interviewen

## 不規則変化動詞

| 不定詞 | 現在形（不規則） | 過去基本形 | 過去分詞 |
|---|---|---|---|
| an\|fangen | du fängst...an　er fängt...an | fing...an | angefangen |
| an\|kommen (*s.*) | | kam...an | angekommen |
| an\|rufen | | rief...an | angerufen |
| an\|stoßen | du stößt...an　er stößt...an | stieß...an | angestoßen |
| auf\|stehen | | stand...auf | aufgestanden |
| aus\|steigen | | stieg...aus | ausgestiegen |
| aus\|leihen | | lieh...aus | ausgeliehen |
| aus\|sehen | du siehst...aus　er sieht...aus | sah...aus | ausgesehen |
| beginnen | | begann | begonnen |
| bekommen | | bekam | bekommen |
| bieten | | bot | geboten |
| bleiben (*s.*) | | blieb | geblieben |
| bringen | | brachte | gebracht |
| dürfen | ich darf　du darfst　er darf | durfte | dürfen/gedurft |
| ein\|laden | du lädst...ein　er lädt...ein | lud...ein | eingeladen |
| ein\|schlafen (*s.*) | | schlief...ein | eingeschlafen |
| essen | du isst　er isst | aß | gegessen |
| empfehlen | du empfiehlst　er empfiehlt | empfahl | empfohlen |
| entscheiden | | entschied | entschieden |
| fahren (*s.*) | du fährst　er fährt | fuhr | gefahren |
| fern\|sehen | du siehst...fern<br>er sieht···fern | sah···fern | ferngesehen |
| finden | | fand | gefunden |
| fliegen (*s.*) | | flog | geflogen |
| geben | du gibst　er gibt | gab | gegeben |
| gefallen | du gefällst　er gefällt | gefiel | gefallen |
| gehen (*s.*) | | ging | gegangen |

| | | | |
|---|---|---|---|
| haben | du **hast**   er **hat** | hatte | gahabt |
| hängen（自動詞） | | hing | gehangen |
| heißen | du heißt   er heißt | hieß | geheißen |
| helfen | du hilfst   er hilft | half | geholfen |
| hinauf\|steigen | | stieg...hinauf | hinaufgestiegen |
| kennen | | kannte | gekannt |
| kommen (*s.*) | | kam | gekommen |
| können | ich **kann**   du **kannst**   er **kann** | konnte | können/gekonnt |
| lassen | du lässt   er lässt | ließ | lassen/gelassen |
| leihen | | lieh | geliehen |
| lesen | du liest   er liest | las | gelesen |
| liegen | | lag | gelegen |
| mit\|bringen | | brachte...mit | mitgebracht |
| mit\|kommen (*s.*) | | kam...mit | mitgekommen |
| mit\|nehmen | du nimmst...mit<br>er nimmt...mit | nahm...mit | mitgenommen |
| mögen | ich **mag**   du **magst**   er **mag** | mochte | mögen/gemocht |
| müssen | ich **muss**   du **musst**   er **muss** | musste | müssen/gemusst |
| nehmen | du nimmst   er nimmt | nahm | genommen |
| nennen | | nannte | genannt |
| rufen | | rief | gerufen |
| schlafen | du schläfst   er schläft | schlief | geschlafen |
| schneiden | | schnitt | geschnitten |
| schreiben | | schrieb | geschrieben |
| schwimmen (*s.*) | | schwamm | geschwommen |
| sehen | du siehst   er sieht | sah | gesehen |
| sein (*s.*) | ich **bin**   du **bist**   er **ist**<br>wir **sind**   ihr **seid**   sie **sind** | war | gewesen |
| singen | | sang | gesungen |

| | | | |
|---|---|---|---|
| sitzen | | saß | gesessen |
| sollen | ich soll  du sollst  er soll | sollte | sollen/gesollt |
| sprechen | du sprichst  er spricht | sprach | gesprochen |
| springen | | sprang | gesprungen |
| statt\|finden | | fand...statt | stattgefunden |
| stehen | | stand | gestanden |
| teil\|nehmen | du nimmst...teil<br>er nimmt...teil | nahm...teil | teilgenommen |
| tragen | du trägst  er trägt | trug | getragen |
| treffen | du triffst  er trifft | traf | getroffen |
| trinken | | trank | getrunken |
| tun | du tust  er tut | tat | getan |
| um\|schreiben | | schrieb...um | umgeschrieben |
| um\|ziehen | | zog...um | umgezogen |
| vergessen | du vergisst  er vergisst | vergaß | vergessen |
| verlieren | | verlor | verloren |
| versenden | | versandte | versandt |
| verstehen | | verstand | verstanden |
| vor\|bereiten | | bereitete...vor | vorbereitet |
| vor\|haben | | hatte...vor | vorgehabt |
| waschen | du wäschst  er wäscht | wusch | gewaschen |
| weiter\|gehen (s.) | | ging...weiter | weitergegangen |
| werden | du wirst  er wird | wurde | geworden |
| werfen | du wirfst  er wirft | warf | geworfen |
| wieder\|sehen | du siehst...wieder<br>er sieht···wieder | sah...wieder | wiedergesehen |
| wissen | ich weiß  du weißt  er weiß | wusste | gewusst |
| wollen | ich will  du willst  er will | wollte | wollen/gewollt |
| zurück\|fliegen (s.) | | flog...zurück | zurückgeflogen |

# Grammatik（文法補足）

## 1．動詞の位置について

### 1－1. 定形第 2 位

平叙文：動詞は常に 2 番目にくる。

Ich **bin** am Sonntag oft in der Bibliothek.

Am Sonntag **bin** ich oft in der Bibliothek.

### 1－2. 疑問文

疑問詞がある場合：疑問詞が文頭、次に動詞がくる。

<u>Wo</u> **wohnen** Sie jetzt?

疑問詞がない場合（決定疑問文）：動詞が文頭にくる。

**Wohnen** Sie jetzt in München?

### 1－3. 分離動詞

基礎動詞が 2 番目、前綴りが文末。

Wir **kaufen** am Kiosk `ein`.

**Wann** stehen Sie `auf`?

**Fährt** der Zug um 8 Uhr `ab`?

### 1－4. 話法の助動詞

話法の助動詞が 2 番目、動詞は不定詞で文末にくる。

Alex <u>kann</u> sehr gut Japanisch **sprechen.**

<u>Wollen</u> Sie die Filme **sehen**?

Was <u>musst</u> du heute Abend **machen**?

### 1－5. 現在完了形

完了の助動詞が 2 番目、動詞は過去分詞で文末にくる。

Ich <u>bin</u> gestern ins Kino **gegangen**.

Was <u>habt</u> ihr in den Winterferien **gemacht**?

<u>Hast</u> du am Samstag **ferngesehen**?

### 1－6. 命令文

動詞は文頭にくる。

**Komm** heute zu mir!

**Lernt** immer fleißig!

**Sprechen** Sie langsamer!

### 1－7．副文（7 も参照）

副文中では動詞は文末にくる。副文が主文より前にある場合、動詞は文頭にくる。

Er sagt, <u>dass</u> sie in Deutschland **wohnt**.

<u>Obwohl</u> sie Fieber hat, **lernt** sie sehr fleißig.

## 2．定冠詞・定冠詞類の格変化

### 2－1．定冠詞の格変化

|  | *r.*（m. 男性） | *e.*（f. 女性） | *s.*（n. 中性） | *pl.*（複数形） |
|---|---|---|---|---|
| Nominativ（1格） | der　Apfel | die　Banane | das　Brot | die　Eier |
| Genitiv（2格） | des　Apfels | der　Banane | des　Brot[e]s | der　Eier |
| Dativ（3格） | dem　Apfel | der　Banane | dem　Brot | den　Eiern |
| Akkusativ（4格） | den　Apfel | die　Banane | das　Brot | die　Eier |

### 2－2．定冠詞類の格変化

定冠詞と同じ様な格変化をする。dies-（この）、all-（すべての）、jed-（どの）、solch-（そのような）、welch-（どの）など。

|  | *r.*（m. 男性） | *e.*（f. 女性） | *s.*（n. 中性） | *pl.*（複数形） |
|---|---|---|---|---|
| Nom.（1格） | dieser　Apfel | diese　Banane | dieses　Salz | diese　Eier |
| Gen.（2格） | dieses　Apfels | dieser　Banane | dieses　Salzes | dieser　Eier |
| Dat.（3格） | diesem　Apfel | dieser　Banane | diesem　Salz | diesen　Eiern |
| Akk.（4格） | diesen　Apfel | diese　Banane | dieses　Salz | diese　Eier |

## 3．不定冠詞・定冠詞類の格変化

### 3－1．不定冠詞の格変化

|  | *r.*（m. 男性） | *e.*（f. 女性） | *s.*（n. 中性） |
|---|---|---|---|
| Nom.（1格） | ein　Apfel | eine　Banane | ein　Brot |
| Gen.（2格） | eines　Apfels | einer　Banane | eines　Brot[e]s |
| Dat.（3格） | einem　Apfel | einer　Banane | einem　Brot |
| Akk.（4格） | einen　Apfel | eine　Banane | ein　Brot |

### 3－2．不定冠詞類（所有冠詞・否定冠詞）の格変化

不定冠詞と同じ格変化をする。

|  | *r.*（m. 男性） | *e.*（f. 女性） | *s.*（n. 中性） | *pl.*（複数形） |
|---|---|---|---|---|
| Nom.（1格） | kein　Apfel | keine　Banane | kein　Brot | keine　Eier |
| Gen.（2格） | keines　Apfels | keiner　Banane | keines　Brot[e]s | keiner　Eier |
| Dat.（3格） | keinem　Apfel | keiner　Banane | keinem　Brot | keinen　Eiern |
| Akk.（4格） | keinen　Apfel | keine　Banane | kein　Brot | keine　Eier |

## ４．名詞の複数形

名詞の複数形は語尾の変化が５種類あり、幹母音がウムラウトするものがある。

| - / ¨ | der Spiegel → die Spiegel | der Boden → die Böden |
|---|---|---|
| -e / ¨e | der Tisch → die Tische | der Vorhang → die Vorhänge |
| -er / ¨er | das Kind → die Kinder | das Buch → die Bücher |
| -en / -n | die Uhr → die Uhren | die Reise → die Reisen |
| -s | das Sofa → die Sofas | |

## ５．形容詞の格変化

形容詞が名詞を修飾するとき、冠詞の種類や有無、名詞の性・数・格によって異なる語尾がつく。

### ５－１．強変化（無冠詞）

| | *r.*（m. 男性） | *e.*（f. 女性） | *s.*（n. 中性） | *pl.*（複数形） |
|---|---|---|---|---|
| Nom.（1格） | roter Rock | rote Hose | rotes T-Shirt | rote Schuhe |
| Gen.（2格） | roten Rock[e]s | roter Hose | roten T-Shirts | roter Schuhe |
| Dat.（3格） | rotem Rock | roter Hose | rotem T-Shirt | roten Schuhen |
| Akk.（4格） | roten Rock | rote Hose | rotes T-Shirt | rote Schuhe |

### ５－２．弱変化（定冠詞・定冠詞類）

| | *r.*（m. 男性） | *e.*（f. 女性） | *s.*（n. 中性） | *pl.*（複数形） |
|---|---|---|---|---|
| Nom.（1格） | der rote Rock | die rote Hose | das rote T-Shirt | die roten Schuhe |
| Gen.（2格） | des roten Rock[e]s | der roten Hose | des roten T-Shirts | der roten Schuhe |
| Dat.（3格） | dem roten Rock | der roten Hose | dem roten T-Shirt | den roten Schuhen |
| Akk.（4格） | den roten Rock | die rote Hose | das rote T-Shirt | die roten Schuhe |

### ５－３．混合変化（不定冠詞・不定冠詞類）

| | *r.*（m. 男性） | *e.*（f. 女性） | *s.*（n. 中性） | *pl.*（複数形） |
|---|---|---|---|---|
| Nom.（1格） | ein roter Rock | eine rote Hose | ein rotes T-Shirt | keine roten Schuhe |
| Gen.（2格） | eines roten Rock[e]s | einer roten Hose | ein roten T-Shirts | keiner roten Schuhe |
| Dat.（3格） | einem roten Rock | einer roten Hose | ein roten T-Shirt | keinen roten Schuhen |
| Akk.（4格） | einen roten Rock | eine rote Hose | ein rotes T-Shirt | keine roten Schuhe |

## 6．前置詞と前置詞の格支配

### 6－1．3格支配の前置詞

aus（～から）　bei（～のところに）　mit（～で、～と一緒に）　nach（～の後）

seit（～以来）　von（～から、～の）　zu（～へ）　など

Sie kommt **aus** dem Süden.

Mein Bruder lebt **bei** mir.

Er fährt **mit** dem Zug **zur** (zu + der) Uni.

**Nach** dem Essen lese ich Zeitung.

Wir lernen **seit** einem Jahr Deutsch.

Ich nehme eine Zeitschrift **vom** (von + dem) Bücherregal.

### 6－2．4格支配の前置詞

bis（～まで）　durch（～を通って）　für（～のために）　ohne（～なしで）

gegen（～に向かって、対して）　um（～時に、～の周りに）　など

Ich arbeite immer **bis** Mitternacht.

Er geht **durch** den Park zur Schule.

Die Blumen sind **für** dich!

Sie trinkt gern Kaffee **ohne** Zucker.

Ich bin **gegen** den Krieg.

Der Unterricht beginnt **um** 9 Uhr.

### 6－3．3・4格支配の前置詞

an　auf　hinter　in　neben　über　unter　vor　zwischen

Ich bleibe **im** (in + dem) Winter **am** (an + dem) See.

Ich gehe **im** (in + dem) Sommer oft **an** den See.

Er ist **auf** einem Berg.

Er steigt mit Julia **auf** einen Berg.

Der Hund liegt **unter** dem Tisch.

Der Hund springt **unter** den Tisch.

## 7．従属接続詞

dass（～ということ）、obwohl（～にもかかわらず）、weil（～なので）、wenn（～の時）などの
従属接続詞に導かれる副文では、定動詞が文末にくる。

Er sagt **dass**, Julia jetzt in Deutschland wohnt.

Sie arbeitet den ganzen Tag, **obwohl** sie Fieber hat.

Ich muss heute fleißig lernen, **weil** ich am Mittwoch eine Prüfung habe.

**Wenn** morgen schönes Wetter ist, spielen wir Tennis.

# Check list

# Lektion 1

◎アルファベートを読むことができる（A~Zと特殊文字）

◎自分の名前の綴りを言うことができる

◎1～100までの数字を言うことができる

◎自分の電話番号を言うことができる

◎簡単な挨拶ができる

おはよう　　　＿＿＿＿＿＿＿＿＿＿＿＿＿＿＿＿＿＿＿＿＿＿＿

こんにちは　　＿＿＿＿＿＿＿＿＿＿＿＿＿＿＿＿＿＿＿＿＿＿＿

こんばんは　　＿＿＿＿＿＿＿＿＿＿＿＿＿＿＿＿＿＿＿＿＿＿＿

おやすみ　　　＿＿＿＿＿＿＿＿＿＿＿＿＿＿＿＿＿＿＿＿＿＿＿

さようなら　　＿＿＿＿＿＿＿＿＿＿＿＿＿＿＿＿＿＿＿＿＿＿＿

バイバイ　　　＿＿＿＿＿＿＿＿＿＿＿＿＿＿＿＿＿＿＿＿＿＿＿

◎母音の長短がわかる

長母音になるとき：①＿＿＿＿＿＿＿＿＿＿＿＿＿＿＿＿＿＿＿＿

　　　　　　　　②＿＿＿＿＿＿＿＿＿＿＿＿＿＿＿＿＿＿＿＿

　　　　　　　　③＿＿＿＿＿＿＿＿＿＿＿＿＿＿＿＿＿＿＿＿

短母音になるとき：　＿＿＿＿＿＿＿＿＿＿＿＿＿＿＿＿＿＿＿＿

# Lektion 2

◎自己紹介ができる

名前：　＿＿＿＿＿＿＿＿＿＿＿＿＿＿＿＿＿＿＿＿＿＿＿＿

出身：　＿＿＿＿＿＿＿＿＿＿＿＿＿＿＿＿＿＿＿＿＿＿＿＿

住まい：　＿＿＿＿＿＿＿＿＿＿＿＿＿＿＿＿＿＿＿＿＿＿＿＿

年齢：　＿＿＿＿＿＿＿＿＿＿＿＿＿＿＿＿＿＿＿＿＿＿＿＿

職業：　＿＿＿＿＿＿＿＿＿＿＿＿＿＿＿＿＿＿＿＿＿＿＿＿

専攻：　＿＿＿＿＿＿＿＿＿＿＿＿＿＿＿＿＿＿＿＿＿＿＿＿

学習言語：＿＿＿＿＿＿＿＿＿＿＿＿＿＿＿＿＿＿＿＿＿＿＿＿

◎相手のことを尋ねることができる

名前：　＿＿＿＿＿＿＿＿＿＿＿＿＿＿＿＿＿＿＿＿＿＿＿＿

出身：　＿＿＿＿＿＿＿＿＿＿＿＿＿＿＿＿＿＿＿＿＿＿＿＿

住まい：　＿＿＿＿＿＿＿＿＿＿＿＿＿＿＿＿＿＿＿＿＿＿＿＿

年齢：　＿＿＿＿＿＿＿＿＿＿＿＿＿＿＿＿＿＿＿＿＿＿＿＿

職業：　＿＿＿＿＿＿＿＿＿＿＿＿＿＿＿＿＿＿＿＿＿＿＿＿

専攻：　＿＿＿＿＿＿＿＿＿＿＿＿＿＿＿＿＿＿＿＿＿＿＿＿

学習言語：＿＿＿＿＿＿＿＿＿＿＿＿＿＿＿＿＿＿＿＿＿＿＿＿

◎友達のことを紹介することができる

　名前、出身、住まい、年齢、職業、専攻、学習言語

◎相手やその友達について、「はい・いいえ」で聞く、答えることができる

　質問：＿＿＿＿＿＿＿＿＿＿＿＿＿＿＿＿＿＿＿＿＿＿＿＿＿＿＿＿

　答え：「はい」　　＿＿＿＿＿＿＿＿＿＿＿＿＿＿＿＿＿＿＿＿＿＿

　　　　「いいえ」　＿＿＿＿＿＿＿＿＿＿＿＿＿＿＿＿＿＿＿＿＿＿

◎動詞の意味がわかり、主語（ich, du, er, sie）に合わせて変化できる

kommen　wohnen　lernen　studieren　sein　sprechen

# Lektion 3

◎自分の趣味について話すことができる

_____

◎相手の趣味を尋ねることができる

_____

◎友達の趣味を紹介することができる

_____

◎相手やその友達に時間があるかないかを聞き、答えることができる

質問：_____

答え：「はい」　　　_____

　　　「いいえ」　　_____

◎動詞の意味がわかり、主語（ich, du, er, sie, es, wir, ihr, sie, Sie）に合わせて変化できる

| | fahren | lesen | sehen | treffen | sprechen | haben | sein |
|---|---|---|---|---|---|---|---|
| ich | | | | | | | |
| du | | | | | | | |
| er/sie/es | | | | | | | |
| wir | | | | | | | |
| ihr | | | | | | | |
| sie | | | | | | | |
| Sie | | | | | | | |

◎分離動詞を使った文を作れる（einkaufen, fernsehen, anrufen ...）

_____

# Lektion 4

◎「これは何？」「これは〜なの？」と聞き、答えることができる

疑問文「これは何？」：　＿＿＿＿＿＿＿＿＿＿＿＿＿＿＿＿＿＿＿＿＿＿＿＿＿＿＿

　答え：　＿＿＿＿＿＿＿＿＿＿＿＿＿＿＿＿＿＿＿＿＿＿＿＿＿＿＿

疑問文「これは〜なの？」：　＿＿＿＿＿＿＿＿＿＿＿＿＿＿＿＿＿＿＿＿＿＿＿＿＿

　答え「いいえ」：　＿＿＿＿＿＿＿＿＿＿＿＿＿＿＿＿＿＿＿＿＿＿＿＿＿

◎食べ物・飲み物の好き嫌いを聞き、答えることができる

疑問文「好きな食べ物」：　＿＿＿＿＿＿＿＿＿＿＿＿＿＿＿＿＿＿＿＿＿＿＿＿＿

　答え：　＿＿＿＿＿＿＿＿＿＿＿＿＿＿＿＿＿＿＿＿＿＿＿＿＿＿＿

疑問文「好きな飲み物」：　＿＿＿＿＿＿＿＿＿＿＿＿＿＿＿＿＿＿＿＿＿＿＿＿＿

　答え：　＿＿＿＿＿＿＿＿＿＿＿＿＿＿＿＿＿＿＿＿＿＿＿＿＿＿＿

疑問文「嫌いな食べ物」：　＿＿＿＿＿＿＿＿＿＿＿＿＿＿＿＿＿＿＿＿＿＿＿＿＿

　答え：　＿＿＿＿＿＿＿＿＿＿＿＿＿＿＿＿＿＿＿＿＿＿＿＿＿＿＿

疑問文「嫌いな飲み物」：　＿＿＿＿＿＿＿＿＿＿＿＿＿＿＿＿＿＿＿＿＿＿＿＿＿

　答え：　＿＿＿＿＿＿＿＿＿＿＿＿＿＿＿＿＿＿＿＿＿＿＿＿＿＿＿

◎レストランで注文・支払いができる、食事の感想が言える

注文：　＿＿＿＿＿＿＿＿＿＿＿＿＿＿＿＿＿＿＿＿＿＿＿＿＿＿＿＿＿＿＿＿＿＿＿

支払い：　＿＿＿＿＿＿＿＿＿＿＿＿＿＿＿＿＿＿＿＿＿＿＿＿＿＿＿＿＿＿＿＿＿＿

感想：　＿＿＿＿＿＿＿＿＿＿＿＿＿＿＿＿＿＿＿＿＿＿＿＿＿＿＿＿＿＿＿＿＿＿＿

◎NominativとAkkusativの区別がつく

Das ist ein Apfel. 【N / A】　　　　Ich mag keine Milch. 【N / A】

Ich nehme einen Orangensaft. 【N / A】　　Ich bezahle das Bier. 【N / A】

◎不定冠詞、否定冠詞、定冠詞のNominativ、Akkusativの形がわかる

|   | r. | e. | s. | pl. |
|---|---|---|---|---|
| N | ein / 　　／ der | ／ keine ／ | ／ 　　／ das | — ／ 　　／ die |
| A | ／ keinen ／ | ／ keine ／ | ／ kein ／ | — ／ 　　／ die |

# Check list

## Lektion 5

◎時間を聞き、答えることができる（informelle Uhrzeit）

問い：_____

答え：18.30 Uhr _____　　12.15 Uhr _____

◎一日の予定を言うことができる

_____

_____

_____

◎相手と会う日を相談したり、相手の希望を聞き、答えることができる

「～に時間はある？」：_____

　答え：　　　　_____

「～の都合は？」：　　_____

　答え：　　　　_____

「何がしたい？」：　　_____

　答え：　　　　_____

◎親しい相手に依頼、許可を求め、答えることができる

依頼：　　　　　_____

答え：　　　　　_____

「～してくれる？」　_____

「～してもいい？」　_____

◎助動詞の意味がわかり、主語にあわせて変化できる

　　könnn　　müssen　　wollen　　möchte(n)　　sollen　　dürfen

# Lektion 6

◎家族の紹介で「これは誰？」「これは〜なの？」と聞き、答えることができる

疑問文「これは誰？」：　＿＿＿＿＿＿＿＿＿＿＿＿＿＿＿＿＿＿＿＿＿＿＿＿＿＿

　答え：　＿＿＿＿＿＿＿＿＿＿＿＿＿＿＿＿＿＿＿＿＿＿＿＿＿＿

疑問文「これは〜なの？」：　＿＿＿＿＿＿＿＿＿＿＿＿＿＿＿＿＿＿＿＿＿＿＿

　答え「はい」　：　＿＿＿＿＿＿＿＿＿＿＿＿＿＿＿＿＿＿＿＿＿＿＿＿＿＿

　答え「いいえ」：　＿＿＿＿＿＿＿＿＿＿＿＿＿＿＿＿＿＿＿＿＿＿＿＿＿＿

◎兄弟姉妹がいるか聞き、答えることができる

疑問文「兄弟姉妹がいる？」：　＿＿＿＿＿＿＿＿＿＿＿＿＿＿＿＿＿＿＿＿＿＿＿＿

　答え：　＿＿＿＿＿＿＿＿＿＿＿＿＿＿＿＿＿＿＿＿＿＿＿＿＿＿

◎所有冠詞のNominativ、Akkusativの形がわかる

| Nom. *r.* | ich ⇒ | du ⇒ | er ⇒ | sie ⇒ | es ⇒ | wir ⇒ | ihr ⇒ | sie ⇒ | Sie ⇒ |
|---|---|---|---|---|---|---|---|---|---|
| *e.* | | | | | | | | | |
| *s.* | | | | | | | | | |
| *pl.* | | | | | | | | | |
| Akk. *r.* | | | | | | | | | |
| *e.* | | | | | | | | | |
| *s.* | | | | | | | | | |
| *pl.* | | | | | | | | | |

◎人称代名詞のNominativ、Akkusativの形がわかる

| Nom. | ich | du | er | sie | es | wir | ihr | sie | Sie |
|---|---|---|---|---|---|---|---|---|---|
| Akk. | | | | | | | | | |

# Lektion 7

◎「昨日何をしましたか？」と聞き、答えることができる（seinとhabenそれぞれ）

疑問文「昨日何をしましたか？」： _____

　答え（sein）： _____

疑問文「昨日何をしましたか？」： _____

　答え（haben）： _____


◎「日曜日に何をしましたか？」と聞き、答えることができる（seinとhabenそれぞれ）

疑問文「日曜日に何をしましたか？」： _____

　答え（sein）： _____

疑問文「日曜日に何をしましたか？」： _____

　答え（haben）： _____


◎「昨日どこへ行きましたか？」と聞き、答えることができる

疑問文「昨日どこへ行きましたか？」： _____

　答え： _____


◎「日曜日にどこへ行きましたか？」と聞き、答えることができる

疑問文「日曜日にどこへ行きましたか？」： _____

　答え： _____


◎habenとseinを過去人称変化させられる

|  | ich | du | er | sie | es | wir | ihr | sie | Sie |
|---|---|---|---|---|---|---|---|---|---|
| sein |  |  |  |  |  |  |  |  |  |
| haben |  |  |  |  |  |  |  |  |  |

# Lektion 8

◎誕生日を聞き、答えることができる

質問： _____

答え： _____

◎友人の誕生日に何をあげるか、聞き、答えることができる

質問： _____

答え： _____

◎人称代名詞のDativの形がわかる

ich _____   du _____   er _____   sie _____   es _____

wir _____   ihr _____   sie _____   Sie _____

◎定冠詞・不定冠詞・否定冠詞・所有冠詞のDativの形がわかる

|   | *r.* | *e.* | *s.* | *pl.* |
|---|---|---|---|---|
| 定 | _____ Vater | _____ Frau | _____ Kind | _____ Kinder___ |
| 不 | _____ Vater | _____ Frau | _____ Kind | _____ Kinder___ |
| 否 | _____ Vater | _____ Frau | _____ Kind | _____ Kinder___ |
| 所 | _____ Vater | _____ Frau | _____ Kind | _____ Kinder___ |

◎目的語にDativを使った文を作ることができる

schenken： _____

helfen： _____

zeigen： _____

geben： _____

empfehlen： _____

# Lektion 9

◎自分の部屋にある家具を言うことができる

_____

◎家具がどこに置いてあるのか説明できる

_____

◎それぞれの前置詞を使った文を作ることができる

an : _____

auf : _____

hinter : _____

unter : _____

vor : _____

in : _____

neben : _____

zwischen : _____

über : _____

◎seinとspielen, lesen, aufräumenの命令形を作ることができる

|       | sein | spielen | lesen | aufräumen |
|-------|------|---------|-------|-----------|
| du    |      |         |       |           |
| ihr   |      |         |       |           |
| Sie   |      |         |       |           |

# Landeskunde

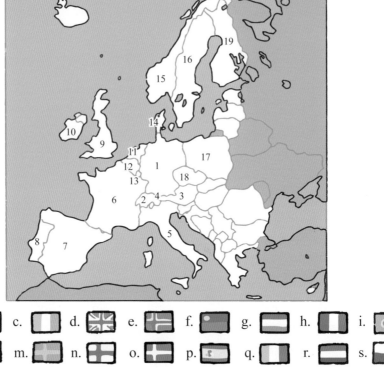

a. ██ b. ██ c. ██ d. ██ e. ██ f. ██ g. ██ h. ██ i. ██ j. ██

k. ██ l. ██ m. ██ n. ██ o. ██ p. ██ q. ██ r. ██ s. ██

★（　　）に地図上の番号と国旗の記号を入れてみましょう。

Deutschland（　　） Österreich（　　） die Schweiz（　　） Lichtenstein（　　）

⇒　die deutschsprachigen Länder

Belgien（　　） Dänemark（　　） England（　　） Frankreich（　　）

Finnland（　　） Irland（　　） Italien（　　） Luxemburg（　　） Norwegen（　　）

Polen（　　） Portugal（　　） Schweden（　　） Spanien（　　） Tschechien（　　）

die Niederlande（　　）

★上記 19 カ国のうち非 EU 加盟国はどこでしょう。（　　）（　　）（　　）（　　）

・・・・・・・・・・・・ **Kolumne 1　die Europäische Union** ・・・・・・・・・・・

今日の欧州連合（EU）の前身である欧州共同体（EC）は 1967 年に 6 カ国の加盟により誕生しましたが、その後加盟国は増え続け、1993 年の EU 誕生時には 12 カ国に拡大していました。現在の加盟国は 27 カ国です（2020年 8 月現在）。第二次世界大戦後、大国であるアメリカや旧ソ連と対等であるために、またヨーロッパの平和維持のために「ひとつのヨーロッパ」という理念のもと成立したのが EC であり、EU です。EU 域内での移動自由や通過統合などを実現し、加盟国も年々増加し、EU は 2012 年にノーベル平和賞も受賞し、名実ともに「ひとつの共同体」を体現してきました。しかし、2009 年のギリシャの財政危機や 2015 年の難民危機などを経て EU の存続が危ぶまれているのが今日の現状です。その最たる例が 2020 年 1 月のイギリスの離脱ですが、今後の加盟国や EU の動向は流動的であり、注視していきたいところです。

★（　　）に地図上の番号を入れてみましょう。

Berlin （　　）　Bremen （　　）　Leipzig （　　）　Bonn （　　）　Köln （　　）

Frankfurt am Main （　　）　München （　　）　Dresden （　　）　Hamburg （　　）

Hannover （　　）　die Donau （　　）　der Rhein （　　）　die Alpen （　　）

die Nordsee （　　）　die Ostsee （　　）　der Bodensee （　　）　Neuschwanstein （　　）

. . . . . . . . . . . . . . . . . . **Kolumne 2　Deutschland** . . . . . . . . . . . . . . . . .

ヨーロッパ中央部に位置するドイツは9カ国と国境を接し、北東にバルト海、北西に北海が広がっています。国土面積は日本とほぼ同じ（約35万㎢）、日本よりやや少ない人口（約8300万人）によって構成されています。

全16州から成り立つドイツには、自然や歴史的建造物、芸術などに恵まれた魅力ある都市がたくさんあります。例えば、首都であるベルリンはかつては東西に分かれていましたが、その分断の象徴でもあるベルリンの壁は今日でも一部残されており見学することができます。フランクフルト＝アム＝マインはドイツ最大の金融都市、音楽の都であるライプツィヒ、「ブレーメンの音楽隊」でも知られるハンザ同盟都市のひとつでもあったブレーメン、世界最大のビール祭り（オクトーバーフェスト）が開催されるミュンヘン、大聖堂や「オー・デ・コロン」で有名なケルンなどがあります。

また、ドイツ南部を東西に連なるアルプス、南西部には黒い森（der Schwarzwald）、「母なるドナウ」、「父なるライン」など豊かな自然にも囲まれています。

# Landeskunde (2) Essen

**★ deutsche Gerichte**

Gulasch

Schnitzel

Auflauf

Lachs mit Brokkolisoße

Weißwurst

Apfelstrudel

• • • • • • • • • • • • • • • • • • **Kolumne 3　Essen** • • • • • • • • • • • • • • • • • • •

ドイツといえば「ソーセージ・パン・ビール」というイメージを持つ人が多いと思いますが、ソーセージ以外にも、
伝統的な料理としては肉料理が多く見られます。もちろん魚料理も、ハノーファーなどの港町でよく見かけます
し、Lachs（鮭）や Forelle（マス）など、気軽にファーストフードで食べられるようなものもあります。Stollen
は、伝統的なクリスマス用のパンで、最近では、日本でもコンビニで手に入るほど有名になっています。ちなみに、
日本人に身近な Baumkuchen は、ドイツでは意外と知られていません。地方の伝統的なお菓子で、たまたま日
本で有名になったんですね。

★ 以下のテクストを読んで、1～3の質問に答えましょう。

## Unser tägliches Brot

Tr.111

Ein Grundnahrungsmittel in Deutschland ist Brot. Traditionell isst man in Deutschland am Morgen und am Abend kalt. Das heißt, man isst Brot und kein warmes Gericht. Das essen Deutsche meistens zum Mittagessen.

Zum Frühstück essen die Deutschen Brötchen. Meistens kaufen sie diese in der Bäckerei. Sogar sonntags sind die Bäckereien am Morgen geöffnet, damit man Brot und Brötchen einkaufen kann.

In der Schule gibt es kein „Bento" sondern ein „Pausenbrot". Die Schüler nehmen von zu Hause ein Brötchen mit Butter, Käse oder Schinken in die Schule mit und essen es in der Pause.

1. Wann isst man in Deutschland kalt?

_____

2. Kann man sonntags Brötchen kaufen?

_____

3. Was essen die Schüler in der Schule zu Mittag?

_____

★下の1〜5の写真と単語、次ページのテクストを結び付けてみましょう。

**Deutsche Feste**

Oktoberfest

Weihnachten

Ostern

Karneval

Silvester

1. 【　　　　　　　　　　　】(Text:　　)

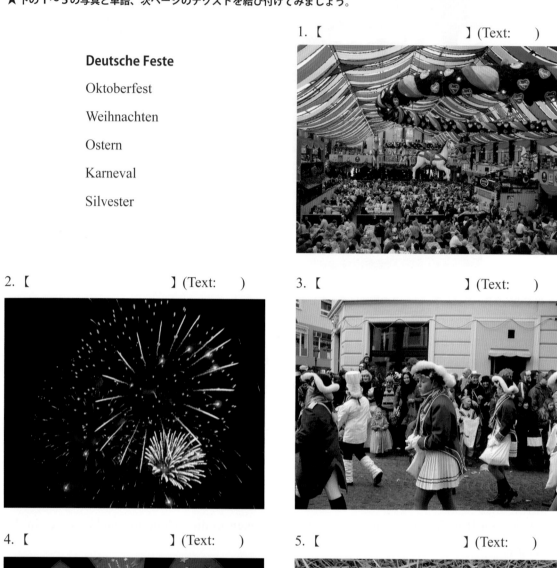

2. 【　　　　　　　　】(Text:　　)

3. 【　　　　　　　　】(Text:　　)

4. 【　　　　　　　　】(Text:　　)

5. 【　　　　　　　　】(Text:　　)

（写真 1, 5 提供：https://pixabay.com/ja/）

## Text A

Tr.112

Karneval ist eine wichtige und lustige Zeit für die Deutschen. Offiziell beginnt Karneval am 11.11. um 11.11 Uhr aber die Hauptzeit findet im Februar oder März für 3 - 4 Tage statt. Es gibt in allen Orten verschiedene Paraden, an denen alle mit Kostümen teilnehmen. Es werden für die Kinder Süßigkeiten geworfen und viele Erwachsene trinken Alkohol.

## Text B

Tr.113

Das Oktoberfest ist das größte und bekannteste Volksfest der Welt. Es findet jedes Jahr ab Mitte September bis Anfang Oktober in München statt und dauert 16 - 18 Tage. Auf dieses Fest kommen jedes Jahr über 6 Millionen Besucher. Sie trinken Bier, tanzen, hören Musik und haben Spaß.

## Text C

Tr.114

Der letzte Tag im Jahr, der 31. Dezember ist Silvester. Im Gegensatz zu Japan ist für Deutsche Silvester wie eine riesige Party. Sie versammeln sich abends und machen einen Countdown bis Mitternacht. Um 12.00 Uhr stoßen sie mit Sekt an und machen gemeinsam Feuerwerk.

## Text D

Tr.115

Vom 24.12. - 26.12. ist Weihnachten in Deutschland. Am Abend des 24.12. ist „Heiligabend". Die Familien feiern gemeinsam mit einem Tannenbaum, mit Geschenken und einem leckeren Weihnachtsessen. Am 25.12. ist der 1. Weihnachtstag. An diesem trifft man seine Verwandten, wie z.B. die Großeltern und Onkel und Tanten.

## Text E

Tr.116

Ostern ist ein christliches Fest in Deutschland. Es findet an einem Sonntag im April statt. Die Deutschen gehen in die Kirchen, essen Schokoladenhasen und bemalen mit ihren Kindern Ostereier. Diese Ostereier verstecken sie für die Kinder im Garten und suchen sie gemeinsam.

# Landeskunde (4) Märchen

★下記のテキストはある作品の一部分です。何の作品でしょう。

1. Die Bremer Stadtmusikanten  2. Rapunzel  3. Schneewittchen

4. Rotkäppchen  5. Hänsel und Gretel

🎧 Tr.117

Sie besaß einen Zauberspiegel, und hin und wieder stellte sich die Königin vor ihn hin und fragte: Spiegelein, Spiegelein, an der Wand, wer ist die Schönste im ganzen Land?

(　)

🎧 Tr.118

Es war einmal ein kleines Mädchen, das hatte jeder gern. Ganz besonders lieb aber hatte es seine Großmutter. Einmal schenkte sie dem Kind ein Käppchen aus rotem Samt, und weil das Käppchen ihm so gut stand und das Mädchen nichts anderes mehr tragen wollte, nannte es fortan jeder ‚Rotkäppchen'.

(　)

🎧 Tr.119

Am Rande eines großen Waldes lebte einmal ein Holzfäller mit seiner Frau und zwei Kindern. Der Junge hieß Hänsel und das Mädchen Gretel. Die Familie war sehr arm, und als sie nicht einmal mehr genug zu essen hatten, sagte der Mann eines späten Abends zu seiner Frau: „Ich weiß nicht, wie es weitergehen soll."

(　)

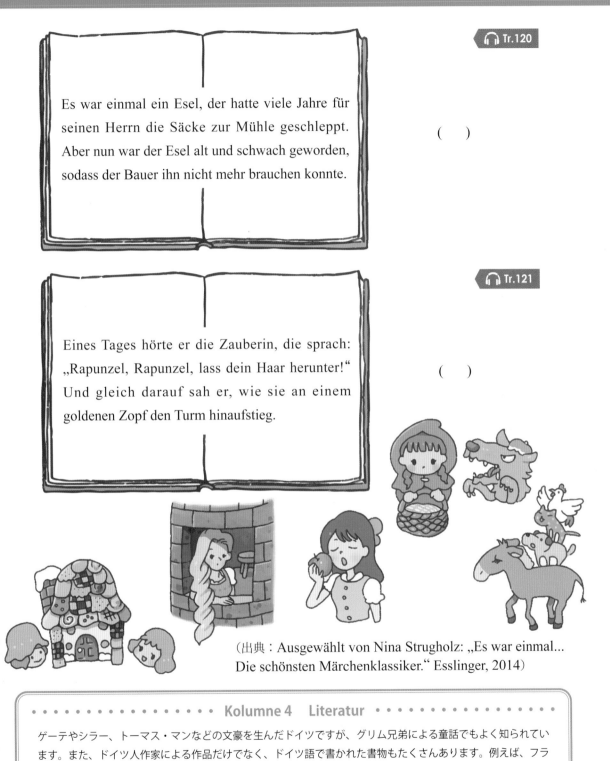

Tr.120

Es war einmal ein Esel, der hatte viele Jahre für seinen Herrn die Säcke zur Mühle geschleppt. Aber nun war der Esel alt und schwach geworden, sodass der Bauer ihn nicht mehr brauchen konnte.

(　)

Tr.121

Eines Tages hörte er die Zauberin, die sprach: „Rapunzel, Rapunzel, lass dein Haar herunter!" Und gleich darauf sah er, wie sie an einem goldenen Zopf den Turm hinaufstieg.

(　)

(出典：Ausgewählt von Nina Strugholz: „Es war einmal... Die schönsten Märchenklassiker." Esslinger, 2014)

• • • • • • • • • • • • • • • • • • • Kolumne 4　Literatur • • • • • • • • • • • • • • • •

ゲーテやシラー、トーマス・マンなどの文豪を生んだドイツですが、グリム兄弟による童話でもよく知られています。また、ドイツ人作家による作品だけでなく、ドイツ語で書かれた書物もたくさんあります。例えば、フランツ・カフカ（『変身』）やヨハンナ・シュピリ（『アルプスの少女ハイジ』）、最近では多和田葉子のドイツ語による作品も人気があります。みなさんもぜひドイツ語で書かれた作品を読んで「生のドイツ語」に触れてみてください。

著者紹介
薦田奈美（こもだ・なみ）
　　同志社大学嘱託講師
渡邉紗代（わたなべ・さよ）
　　同志社大学嘱託講師
Angela Niehaus
　　同志社大学嘱託講師

行ってみようドイツ！ コミュニケーション・ドイツ語講座 ［改訂版］

2023年 2月 1日　印刷
2023年 2月10日　発行

著　者 ©　　薦　田　奈　美
　　　　　　渡　邉　紗　代
　　　　　　Angela Niehaus
発行者　　　及　川　直　志
印刷所　　　開成印刷株式会社

発行所　　101-0052東京都千代田区神田小川町3の24
　　　　　電話 03-3291-7811（営業部），7821（編集部）　　株式会社 白水社
　　　　　www.hakusuisha.co.jp
　　　　　乱丁・落丁本は，送料小社負担にてお取り替えいたします。

振替 00190-5-33228　　　　　　　　　　　株式会社島崎製本

ISBN978-4-560-06438-2

Printed in Japan

# パスポート独和・和独小辞典

諏訪 功［編集代表］　太田達也／久保川尚子／境 一三／三ッ石祐子［編集］

独和は見出し語数1万5千の現代仕様. 新旧正書法対応で, 発音はカタカナ表記. 和独5千語は新語・関連語・用例も豊富. さらに図解ジャンル別語彙集も付く. 学習や旅行に便利. （2色刷）B小型　557頁　定価 3520 円（本体 3200 円）

| | | |
|---|---|---|
| **入門書・初級文法書** | **ドイツ語のしくみ**《新版》<br>清野智昭 著<br>B6変型 146頁 定価 1430 円（本体 1300 円） | 言葉には「しくみ」があります. まず大切なのは全体を大づかみに理解すること. 最後まで読み通すことができる画期的な入門書！ |
| | **わたしのドイツ語** 32のフレーズでこんなに伝わる<br>田中雅敏 著　　　　　（2色刷）【CD付】<br>A5判 159頁 定価 1870 円（本体 1700 円） | 32のフレーズだけで気持ちが伝え合える！「わたし」と「あなた」の表現だけだから, すぐに使える. 前代未聞のわかりやすさの「超」入門書！ |
| | **スタート！ドイツ語A1**<br>岡村りら／矢羽々崇／山本淳／渡部重美／アンゲリカ・ヴェルナー 著（2色刷）【CD付】<br>A5判 181頁 定価 2420 円（本体 2200 円） | 買い物や仕事, 身近なことについて, 簡単な言葉でコミュニケーションすることができる. 全世界共通の語学力評価基準にのっとったドイツ語入門書. 全18ユニット. 音声無料ダウンロード. |
| | **スタート！ドイツ語A2**<br>岡村りら／矢羽々崇／山本淳／渡部重美／アンゲリカ・ヴェルナー 著（2色刷）<br>A5判 190頁 定価 2640 円（本体 2400 円） | 短い簡単な表現で身近なことを伝えられる. 話す・書く・聞く・読む・文法の全技能鍛える, 新たな言語学習のスタンダード（ヨーロッパ言語共通参照枠）準拠. 音声無料ダウンロード. |
| | **必携ドイツ文法総まとめ**（改訂版）<br>中島悠爾／平尾浩三／朝倉 巧 著（2色刷）<br>B6判 172頁 定価 1760 円（本体 1600 円） | 初・中級を問わず座右の書！ 初学者の便を考え抜いた文法説明や変化表に加え, 高度の文法知識を必要とする人の疑問にも即座に答えるハンドブック. |
| | **1日15分で基礎から中級までわかる<br>みんなのドイツ語**<br>荻原耕平／畠山 寛 著（2色刷）<br>A5判 231頁 定価 2420 円（本体 2200 円） | 大きな文字でドイツ語の仕組みを1から解説. 豊富な例文と簡潔な表でポイントが一目でわかる. 困ったときに頼りになる一冊. |
| **問題集** | **書き込み式 ドイツ語動詞活用ドリル**<br>櫻井麻美 著<br>A5判 175頁 定価 1320 円（本体 1200 円） | 動詞のカタチを覚えることがドイツ語学習の基本. この本はよく使う基本動詞, 話法の助動詞のすべての活用を網羅した初めての1冊. |
| | **ドイツ語練習問題3000題**（改訂新版）<br>尾崎盛景／稲田 拓 著<br>A5判 194頁 定価 1980 円（本体 1800 円） | ドイツ語の基本文法, 作文, 訳読をマスターするための問題集. 各課とも基礎問題, 発展問題, 応用問題の3段階式で, 学習者の進度に合わせて利用可能. |
| | **つぶやきのドイツ語<br>1日5題文法ドリル**　筒井友弥 著<br>四六判 237頁 定価 1980 円（本体 1800 円） | ツイッターから生まれた肩の凝らないドイツ語練習問題集. ひとつのテーマは5日間で完成. ヒントや文法のおさらい付き. 全50課. |
| **単語集** | **例文活用　ドイツ重要単語4000**<br>（改訂新版）羽鳥重雄／平塚久裕 編（2色刷）<br>B小型 206頁 定価 2200 円（本体 2000 円） | abc順配列の第一部では使用頻度の高い簡明な例文を付し, 第二部では基本語・関連語を45場面ごとにまとめて掲げました. 初級者必携. |
| **検定対策** | **独検対策 4級・3級問題集**（四訂版）<br>恒吉良隆 編著　　　　　　【CD2枚付】<br>A5判 195頁 定価 2530 円（本体 2300 円） | 過去問の出題傾向を分析し, 学習のポイントと類題で必要な文法事項をマスターする, ベストセラーの最新版. 基本単語1700語付. |
| | **新 独検対策4級・3級必須単語集**<br>森 泉／クナウプ ハンス・J 著【CD2枚付】<br>四六判 223頁 定価 2530 円（本体 2300 円） | 独検4級・3級に必要な基本単語が300の例文で確認できます. 付属CDには各例文のドイツ語と日本語を収録. 聞き取り練習も用意. |

重版にあたり, 価格が変更になることがありますので, ご了承ください.